おたく以外にも業者ならいくらでもいるんだよ。

……と言われたら

渡辺進也

社長が無理と我慢をやめて成功を引き寄せる法則22

JN016286

みらい PUBLISHING

目次

第2章　成功を引き寄せた7つの会社の物語

第3章　ネガティブ感情をクリアにする法則

はじめに

日本の未来は中小企業の社長にかかっています！

私は、中小企業診断士の資格をもつ地方都市仙台の経営コンサルタントです。主に、小さな会社の困りごとに対し、経営計画策定を通じて、成長戦略をサポートしています。

今、日本の中小企業は、かつてない苦境に陥っています。「中小企業白書２０２２」によると、新型コロナウィルス感染症の影響により、依然として多くの業種で売上高が回復しておらず、引き続き厳しい状況にあると紹介されています。もともとギリギリの状況で経営していた中小企業は、借入金で何とかしのいでいる状況かもしれません。さらに、原材料・電気代等の高騰、賃上げなどが、中小企業の経営に追い打ちをかけています。

こんな時代の中、生き残っていくためには、何らかの変化が必要です。オンライン化や情報の流れなど、経営環境は激変しました。顧客に選ばれるためには、経営者（その会社）の「価値観」に共感してもらえるかどうかが、大切な要素です。だからこそ、経営者は自分の価値観に向き合い、自社が喜びを表現できる商品・サービスを発信していく必要があります。

しかし、地方の企業の経営者や古い業界の慣習に悩む経営者は、なにをどう変えていけばよいのかわからず、現実から目をそらし続けてしまいがちです。「お客様は神様」「顧客志向」という言葉に振り回され、値上げもできず、受注先からの無理な要求に応え、身も心も擦り減ってしまっている中小企業の経営者は、少なくありません。

私自身も、父の急逝で19歳のとき、印刷会社を事業承継しました。お客様の前で「できないこと」も「できます」と言って、無理に受注していました。お客様は絶対的存在でした。

「おたく以外にも業者ならいくらでもいるんだよ」と言われてしまったら、返す言葉がないのです。

今、経営コンサルタントとして、多くの相談に触れ続ける立場になり、当時の私と同じように苦しんでいる方の心情が、痛いほどわかります。もしかしたら、今、この本を手に取っていただいているあなたも、同じ悩みを抱えているのかもしれません。

でも、もう大丈夫です。

その悩みの存在に気づいただけでも、すでに良い方向に向かいはじめているのです。

この本は、私が味わってきた感情体験、16年間で1600社以上の経営相談を受けてきた経験から、経営者に特化した自分軸を探し、お金・自由・人脈を引き寄せるメソッドを22の法則にまとめたものです。

日本全体の企業数のうち、99％は中小企業です。日本経済は中小企業によって支えられているのです。日本の未来は、中小企業の社長の活躍にかかっています。

この本を読むことで、古い呪縛から解き放たれ、経営者としての尊厳と誇りを思い出すことで、愛が回復します。自社への愛、社員への愛、お客様への愛が広がることで変化が起こります。この本を読んだ後、こうした変化を感じていただけたら、これほど嬉しいことはありません。

序章

中小企業の社長が日本を明るくします！

私がこれから、この本で書いていく内容は、以下の三つがベースになっています。

一つ目は、私自身の経験です。大学在学中に印刷会社を経営していた父が急逝し、19歳で事業承継をしました。赤字、債務超過から、何とか業績も回復し、現在は経営コンサルタントとして活動できています。

二つ目は、私のコンサルタントとしての経験です。金融機関、商工会、商工会議所などの支援機関を通じて、16年で1600社以上の経営相談を受けてきました。リーマンショック、東日本大震災、豪雨災害、新型コロナウイルスと想定外の出来事があっても、困ったときにも何とかなるということを見てきました。

三つ目は、中小企業大学校の講師という経験です。経営戦略を仙台校、広島校、新潟三条校でお伝えしています。経験値ベースや経営者目線で伝えるので、わかりやすいとお声をいただくことも多くあります。

私だけが伝えられる世界観、見える景色はあるようです。

経営者には感情が伴います。感情がクリアになっていると、いい結果を引き寄せます。不安、恐怖、怒り、悲しみなどの感情をクリアにしていくと、業績が伸びていきます。

世の中で言われているプラス思考やポジティブシンキングは、心を押し込めて無理な感情コントロールを伴うこともあります。そんなことでは自分に無理してしまいます。無理をしているとうまくいかない、ということは誰もが感じていることです。しかし、現実を見ようとはしません。いや、現実を見ることは想像以上につらいことなのです。

では、ここからは、うまくいかない理由をもう少し詳しくご紹介していきます。

一生懸命やっているのに、お金が残らないのは？

今、私のところに経営相談に来ていただく方の悩みには、次のようなことがあります。

	お金が残る事業設計
ビジネスの方向性（経営戦略）	伸びている業界・商品、将来有望な分野を選ぶ
目標と目的	心から願っているビジョン、経営目標
利益率	高くても買ってくれるような価格設定 たとえ値上げがあっても価格転嫁できるようにする
お客様（ターゲット設定）	良いお客様とお付き合いする
他社との違い（差別化）	この会社から買いたい、この商品が欲しい
働く人	この会社で働きたい、この社長についていきたい
情報共有	IT 化を進めてリアルタイムの情報共有
報告連絡相談	大切なことは会って話す。リアルの報告の場
相談相手	社内と社外に心から信頼できる相談相手を持つ
経営管理の仕組み	試算表と資金繰り表をベースにする

☑朝から晩まで忙しい、儲かっている気がするのに、通帳を見るとなぜか残っていない
☑おたく以外にも業者なんていくらでもいるんだぞ、と言われるけれど、反論できず悔しい
☑休みなく働いているのに、これ以上何を頑張れというのか。何をしたらいいかわからない
☑四六時中、携帯が鳴るので、心が休まらない。電話に出るのも怖い
☑家族、従業員を背負っている負担感がやりがいでもあるが、重いと感じる
☑苦しいときに一時しのぎで借りた借金の返済がキツイ
☑自分でやれることはやった。誰かのお導きがほしい
☑銀行は計画を立てろというが、今の今でいっぱいいっぱい、先のことなどわからない
☑暇だと不安感がどんどん強くなり、忙しいと身体と心が疲弊してしまう
☑経理、営業、書類、ＩＴから掃除まで全部自分でやる。任せる人がいない
☑誰にも愚痴をこぼせない。身内ほど意外にわかってくれない悲しさ

小さな会社を経営することは、会社に関わる人たちのすべてを背負っていくことになります。ヒト、モノ、カネの面からいろいろな問題が出てきます。無理が出てくることが普通です。

こんなに一生懸命なのに、なぜお金が残らないのか、それは簡単です。

お金が残るようにしていないためです。

「お客様は神様」、「顧客志向」という言葉に振り回され、自己犠牲的に価格を下げ、無理な要求に応え、身も心も擦り減ってしまっていることもあります。私がそうだったので、よくわかります。

しかし、お金を残すには、お金が残るように事業を設計しなくてはいけません。

経営戦略で、方向性を決めて、目標や目的を設定します。お客様から来ていただけるようにマーケティングを設計して、数字で管理します。そして、必要な人を採用して、管理していきます。という教科書的なお話になりますが、どれも人が関わることです。そして、感情が伴います。無理をしているとひずみが生じますが、経営者がゆとりを持ち、「愛・喜び・感謝」の豊かさマインドで活動すると、お金もご縁も動いてきます。なぜなら、お金もご縁も周波数の高い波動に引き寄せられるからです。

マーケティングの世界でも、差別化でもなく、価値でもなく、感情に目を向けはじめています。楽しい、嬉しい、喜びなどのエネルギーは、経営者が感じている感情を外に発信した結果、顧客が共感するものであり、そこに無理はありません。自然体で感じる楽しさ、嬉しさ、喜びが、良い経営につながります。

無理をしてきたやり方を、一気に変えるのではなく、少しずつ進化させていけば大丈夫です。

一方、何かを変えると、ネガティブな出来事も待ち受けています。それらも事前に知っておけば大丈夫です。社長が通る道では、どんなことが起こるか、ご紹介します。

「進化」には産みの苦しみが伴います

新しいことをはじめると、必ずといっていいほど、社内外で反乱がおこります。人間には、自己保存本能というものがあって、変化することよりも安定した現実を選びます。また、人が離れていくこともあります。孤独、悲しみ、自信を失う、不信などの気持ちを味わうことも当然のように起こってきます。

例えば、

・資金繰り悪化や売上減による、とてつもない恐怖感
・なぜ今？　社員の造反などのピンチ

・全責任を一人で抱える、孤独な意思決定への恐怖感
・誰にもわかってもらえない孤独感
・風評を恐れてネガティブなことを話せない
・やることがすべてうまくいかない八方塞がりの時期
・身内に相談すると、冷たい言葉を浴びせられる悲しみ

陰と陽の世界があるようです。

陰は、過去の出来事の膿が出る時期です。正直な感情を受け入れることで昇華できます。陰の後には、陽が現れます。悪いことはいつまでも続きません。ネガティブなことが起こって、正直に感情を味わって、どうなりたいのか、明るい未来を考えることができます。

正直にネガティブな感情を正面から受け止めることができて、はじめて、「では、どうなりたいの」「どうしたいの」が形になっていきます。

経験したことがない人が知識だけで行動してもうまくいかないのは、このようなことがあるからです。成功している社長ほど、自分のネガティブな感情を正面から受け止めて、上

どうなりたいですか？ スッキリビジョンシート

ネガティブなモヤモヤ感情		スッキリビジョン
嫌だったこと	→	どうしたい？
業界の問題点	→	どう変えていきたい？
社会の問題点	→	どう役に立ちたい？

手に昇華させています。やりたくないこと、イヤなことが明確になった人は、どうなりたいのかが明確ですね。

また、業界に対する怒りを持っている人も、ではどうしたいのか、が明確になります。経験し、感情を味わった人だけが見える世界です。

私自身も、お客様から奴隷扱いをされたり、お金の苦労をするのはもうイヤだと思っています。イヤだった経験があるからこそ、どうなりたいかが明確になります。

例えば

□値引を要求されること
↓値引きを要求されないビジネスをしたい
□奴隷のように扱われ、アゴで使われること
↓対等な立場でお付き合いができる顧客と仕事がしたい
□おたく以外の業者は、いくらでもいるから、と言われること
↓そう言ってくる会社にはご遠慮願いたい。誇りと尊厳を守りたい

□子供にカッコいいと思われない
↓心に正直に、堂々と仕事がしたい
□人の役に立っていない
↓相手の会社だけでなく、世の中の役に立つ仕事がしたい

また、業界への怒りを、ビジョンに変える会社もあります。

添加物を使用することが標準となる飲食業界に一石を投じて、無添加を売りにしている企業や、環境や肌に良くない素材を使用するのが普通になっている石鹸業界で、環境や肌にやさしい石鹸を製造・販売している企業など、業界の標準への違和感を正面から受け止め、社会のために変えていこうとしている企業は近年増えてきているように感じています。

さらに、有名な話として、水道哲学があります。水道哲学とは、松下電器産業（現パナソニック）の創業者・松下幸之助氏が提唱した経営哲学です。

「生産者の使命は貴重なる生活物資を、水道の水のごとく無尽蔵たらしめることである。いかに貴重なるものでも量を多くして、無代に等しい価格をもって提供することにある。かくしてこそ、貧は除かれていく。貧より生ずるあらゆる悩みは除かれていく。」（松下幸之

助.com より）

この背景にあるのは、貧乏の克服です。松下幸之助氏は、丁稚奉公時代に、貧乏を克服し、豊かになりたいと強く思ったそうです。「産業人の使命は貧乏の克服」という言葉を残しています。

貧乏はイヤだ、社会が貧乏なのもイヤだ、だから、いつでも自由に電気を使えるくらい豊かな社会を作りたい、と思ったというお話です。

つらい出来事を経験してきた人ほど、どうなりたいかを明確にできます。また、感謝力が高くなります。当たり前のことがありがたいと思って感謝力が高まると、ますます引き寄せ力が高まります。

そうすればきっと、明るい未来が待っていますね。そもそも社長という職業は、一般の人よりもいろいろな経験をして、いろいろな感情を味わう大変なお仕事です。すごい職業なのです。

家族、社員を背負っている社長はスゴイ存在です

ビジョンや社会に対する貢献などと、大きなことを掲げるのは大企業だけだと思っていませんか？

大きい会社も、小さな会社でも同じです。そもそも、大きい会社でも小さい会社でも「社長」という存在はすごい存在なのです。自分の意志で会社を動かし、外の人達に影響を与えています。

社長がすごい存在である理由の一つ目は、自分の家族、社員、社員の家族、取引先を背負っていることです。万が一、倒産をしてしまったら、みんなが生活を失ってしまうこともあります。その責任を背負っている大切な存在なのです。

二つ目に、営業、経理、総務、製造、仕入先との交渉、社員のこと、銀行との折衝、トラブル処理まで会社にかかる全部のことに対応していかなくてはならない立場だということです。会社の規模が大きければ、責任者に任せるということができますが、小さな会社の社長ほど、社長が全部やらないと回らないという事実があります。

「そんなことのできる人間ってすごい！」

まさにスーパーマンです。

三つ目に、365日24時間、会社の代表という立場でいることです。寝ても覚めても、旅行中でも、冠婚葬祭でも、どんなときでも社長は社長の立場で、緊急時には駆けつけます。気が休まることはありません。逃げたくても逃げられない、正面から受け止めていけるという仕事です。どんな困難でも受け止め、責任を果たし、世の中に貢献する立場です。とても誇らしいことです。私は、中小企業の社長が輝けば、日本はよくなると思っています。

それでは、日本全体のうち、中小企業はどのくらいあるのでしょうか。

結論は、日本の99％は中小企業です。さらに、84・9％は、小規模企業が占めています。小規模企業とは、製造業その他：従業員20人以下、商業・サービス業：従業員5人以下を定義しており、いわゆる小さな会社が日本の約85％を占めているということになります。

日本全体の企業数のうち99％は中小企業、日本経済は中小企業によって支えられています。社長が活躍することで、未来の子供たちに明るい将来を作ることができます。

決算書は社長の心の鏡です

決算書は、会社の成績表といわれています。一年に一回、数字になって、会社の業績が現れます。決算書は、過去の結果ではありますが、経営者の心情を表しているといえます。

私は、年間多い年で300社以上の決算書を見ます。そうすると、決算書を手に取った時点で何が良いのか、悪いのか、何が問題であるのかがわかることがあります。決算書には経営者の想念が乗っているのかもしれません。

例えば、お客様との関係性が不安定で、いつか取引を切られるかもしれないという恐怖心がある場合、価格を引き下げて販売してしまい、売上総利益率が下がります。必要以上に在庫が増えます。売掛金の回収も不利な条件となり、現預金が減ります。そして、借入金が増えて、支払利息が増えます。結果として、儲かりにくい体質になります。不安を感じていると、どこかにひずみが出ることの典型例です。

また、お金を失う恐怖心を持っていると、会社の経営とは関係のない資産を保有してしまったり、節税をしすぎることで、かえって短期的な資金繰りの悪化を招いているケースもあります。

勘定科目が増えることは、よくありません。仮払金や貸付金などの科目も、あまり望ましい科目ではないとされることが多いです。

シンプルにバランスの取れている決算書は、スッキリしています。

ここに気づけば対処法がわかる！　社長のモヤモヤチェックシート

モヤモヤがスッキリすると、前向きに経営ができるようになります。迷いが少なく、スピードも上がります。そのためには、まず今のモヤモヤを認識することが大切です。私がこれまで相談をいただいた中で上がってくるモヤモヤを表にまとめました。

チェックシートになっていますので、あてはまるものがあれば、チェックしてみましょう。今のモヤモヤに気づくことが第一歩になります。

モヤモヤに気づいたあなたは、はじめの一歩を踏み出しました。

さあ、それでは、さっそく、「心が喜ぶ経営戦略」への扉を開きましょう。

勘定科目	モヤモヤの事項
売上高	□ 前年並みを目指しているけれど、毎年、売上が下がってしまう
	□ ありきたりの商品しか揃えられない
	□ 強い競合が出てきてどう太刀打ちしていいかわからない
	□ WEB対応が遅れて、どんどん顧客が流出し焦りを感じる
	□ 同業に比べて売上が少ないと羞恥心を感じる時がある
	□ こんなに忙しいのに、売上が伸びていない
売上原価	□ 原材料の値上がりが止まらなくて恐怖を感じる
	□ 円安から材料が上がってきている恐怖を感じる
	□ 社員の採算意識が低い、だらだらやっている
	□ 賃上げといわれるが、どんどん労務費が上昇する恐怖心
売上総利益	□ お客様から高いと言われるのが怖いので、つい安くしてしまう
	□ 材料が上がっているけれど、怖くて値上げできない
	□ 相場が決まっている、価格決定権がない
販売費及び一般管理費	□ 人件費と社会保険料が年々増加する恐怖を感じる
	□ 給料に対し働きが悪い社員がいると怒りを感じてしまう
	□ 広告をしないと不安であるが、効果が実感できない
	□ 雑費など中身のわからない費用が大きく不安
	□ リース費用が意外に多く響いている
流動資産	□ 現預金がどんどん減っていって不安
	□ 売掛金の回収期日が長いので不満
	□ 在庫がどんどん増えていく、持っていないと不安
	□ 覚えのない仮払金や貸付金が計上され、不信を感じる
固定資産	□ 使っていない機械や土地があって、処分もできず困っている
	□ 無理して買った機械や車が見合った効果を発揮できていない
	□ ゴルフ会員権はすでに紙切れになっていて悲しい
流動負債	□ 買掛金や未払い金が多くて資金繰りが不安だ
	□ 社長借入や短期借入で賄っているがいつまで続くか不安
固定負債	□ 借入金が年々増えていて、返せるか不安
	□ あと10年以上借金を返していくプレッシャーが半端ない
資　本	□ 利益剰余金が食いつぶされてきて不安だ
	□ 株価が高騰して、株主から買取を要求されそうで怖い
全　体	□ もうどうしていいかわからない。誰かのお導きが欲しい
	□ やるべきことが多い。何から手を付ければ良いかわからない
	□ 人手が足りないけれど、人を雇えないので、現状維持がやっと
	□ 行動して数字がついてこない焦りと苛立ち
	□ そもそも数字やお金と向き合うのが怖い
	□ 先が見えないので計画が立てられない

第1章

決算書＝社長の感情!?

恐怖心からつい単価を安く受注してしまう

私自身のマイナス体験を、ひとつお話します。

父から後を継いだ印刷屋時代、本当に恐怖心の毎日でした。ライバルは多く、お客様からは見積書を求められ、安くしてほしい、早くしてほしい、細かい要求にも応じてほしいなど、精神的に疲れる毎日でした。

それでも、もし受注が他社に行ってしまったら、売上が減ります。会社は維持できなくなります。恐怖心から、はじめから安く見積書を出して、できるだけ受注が他社に行かないようにします。「お願いだから、何とかうちの会社にお願いします」そんなことを言い続けていました。

そうすると、どうなるか、お読みいただいているあなたのお察しの通りです。

まず、忙しくなります。お客様と詳細に打ち合わせをして、見積書を計算して、外注に出す協力会社さんとの打ち合わせをして、書面を作って、その後お客様のもとに伺います。これだけでかなりの労力がかかります。

ちなみに、見積書を出すという行為は一円のお金にもなりません。受注できなかった場合は労力だけがかかって売上はゼロになります。

そして、お客様と接した気がするので、今回がダメでも次がある、などと意味のわからないプラス思考で自分を納得させてしまいます。

仮に受注できたとしても、自ら安くしていますので、手元に残る額は少なくなります。それでも、不思議と忙しくしていると、他のことを忘れられて、何となく仕事が動いた気がして安心するのです。でも、結局のところ、お金が残らない形を自ら招いてしまうのです。

ここに気づくことが大切です。恐怖心があると、自ら単価を安くしてしまいます。忙しいことで安心している自分もいます。こうしたマインドを変えていく必要があります。

自ら安くしてしまう、暇なし貧乏マインド・恐怖心を変えていく

頼まれると断れない、無理な仕事も受けてしまう

安くしてしまうだけではなく、無理な仕事を受け続けていても業績が悪化します。特にお客様の立場が強くて、受注側が弱いときには、こうしたことが起こりやすくなります。

「ちょっとお願いなんだけれど、この仕事、この値段で、○日までに仕上げてくれませんか」と大のお得意様からお話が来たら、断るのも勇気がいります。

「え～、無理ですよ」「無理難題を言わないでくださいよ」と心の中で思いながらも、「わかりました。何とかします」と言ってしまうこともあるのではないでしょうか。

そうすると、どうなるか。

現場からは大反発が起こります。そんな仕事できるわけがないじゃないですか、と怒りの声や、反乱が起こることもあります。外注に出すか、残業でカバーするようになります。そうすると経費が増えてしまいます。結果、利益が出ません。

無理な仕事を受けていくと、儲からなくなるのです。

やむを得ず、経営陣や家族で対応する場合もあります。土日も祝日もなく、朝早くから夜遅くまで、働き詰めになります。正月やお盆くらいはゆっくりしたいな、と妄想をしていても、そうした時期には、新しい無理難題が入ります。

「正月明けまでに仕上げておいてください」とお休みに入る前のお客様は、さらりと言ってきます。反論もできずに、「何とかします」と言ってしまうこともあるかもしれません。こうした無茶を聞いていくことで、信頼関係ができると思っていることもあるかもしれません。

しかし、都合よく使われているということもあります。無理難題や急な仕事は、特別料金をいただいても良いでしょう。こちらの納期も希望を言って良いと思います。もちろん、相手があってのことですので、話し合いにはなりますが、言いなりになる必要はありません。

なぜ、言いなりに近い形で受注していかなければいけないのでしょうか。それは、断れない関係、断ってしまったら仕事が切れてしまうかもしれないという恐怖心が影響していることがあります。

他にもお客様がいるという状態ならば、言いなりになる必要はありません。大手や大口のお客様の比率が高いほど、こうした恐怖心が出てしまいます。この恐怖心が儲からないビジネスにしてしまう要因です。

信頼関係が築けている対等な立場のお客様がたくさんいれば、断っても影響が少なくて済みます。無理難題は、自分たちができる範囲で誠実に対応し、もし無理がかかりすぎている場合には断る勇気も大切です。

断ることへの恐怖心を捨て去る。無理難題は断っても大丈夫

仕事が増えすぎると、翌月以降の受注件数が減る

仕事がたくさんあると嬉しいのですが、増えすぎてしまうとネガティブな感情が芽生えてきます。

「あ〜、いくらやっても終わらない」

「納期が迫っている、間に合わせるしかないけれど、どうしよう」

「またお仕事をいただいてしまった。ありがたいはずなのに、こなせるのか不安」

「いつになったら休めるのか」

「電話がきた、どのようにお断りしようかな」

「角の立たない断り方、どうしようかな」

「従業員も疲労困憊しているので、そろそろ限界かな」

など、ありがたいはずの受注も、時期が集中したり、増えすぎてしまうと、疲労困憊して、ちょっとイヤな感情になってしまいます。

さらにこの忙しすぎる状況が、数か月先になると、パタッと止まってしまうこともあります。それはそうです。種まきを怠っていると、新しい仕事は入ってきません。忙しすぎ

るときの数か月後は注意が必要なのです。

例えば、あるシステム会社では、社員一丸となって、社内に泊まり込み、徹夜に近い状態で仕事をする時期があるそうです。納期が決まっているお仕事ですので、そこまでに仕上げるということで意識を集中するそうです。後回しにできることは、後回しにします。そうして、仕事が終わったとき、もぬけの殻のようになってしまうそうです。

もし、そうした仕事が終わった直後に、新しい仕事が続いたら身体も持ちません。仕事がパタッと止まりますが、一方で安心してしまいます。しかし、仕事の波が大きいことは経営的に良くないことです。

また、ある建設会社では、年度末近くの12月から3月くらいに工事が集中します。これは業界の慣習でもありますが、春先が暇で夏場に受注しはじめて、年度末までに仕上げるという流れがある会社もあります。

しかし、春先の4月頃には何も仕事がなく、山菜や農作物の販売などをしている会社もあるくらいです。季節変動は仕方がないものという固定観念をもつのではなく、満遍なく受注していけるようにすれば良いのですが、忙しい時期に次のことを考えるということが、難しいのかもしれません。

このように、忙しくなって、仕事が増えすぎて疲労感が出ると、翌月以降の受注件数が減る、その原因について考えてみたいと思います。

まず、忙しい時期には、疲労感からネガティブ感情を持ってしまいがちです。そうすると、「仕事がイヤ」という図式になってしまいます。これでは仕事が増えるはずはありません。

次に、もともとの季節変動がある業種もあると思います。業界の慣習や、その時期に休めば良いということではなく、その時期に受注できることを考えていくのも大切かと思います。

さらに、忙しくなると、単純に営業活動ができないということがあります。種をまかなければ、仕事は入ってきません。忙しい時期こそ、しっかりと先の受注を埋めていき、できるなら年間で満遍なく平準化できる受注を目指していけるように、お客様と早い段階で協議していければ良いですね。

忙しいときほど、次の種をまく。楽になれるよう平準化していく

前年並みを目指すと売上が年々減少する

私が19歳で事業を承継したとき、税理士事務所から必ず言われたのは、「前年に対して○%です」ということでした。そのときは、前年よりも落ちているんだな、ということくらいしか感じていませんでした。税理士事務所の担当の方からも「景気も悪くなってきているので仕方ありませんよ」と言われているように感じました。

しかし目標もなく、何となく前の年と同じようなことを、同じようにやっていれば、衰退していくことは当然です。なぜなら、人口も減っていて、景気も落ち込んでくれば、売上もその流れに沿っていくからです。

なぜ前年と比較する必要があるのでしょうか。税理士事務所は、過去のデータは保有していても、未来の計画を作ることは、まだ少ないようです。だからどうしても、今ある情報として、昨年と比較をするという流れになります。ですから、会社側から未来の目標を作って、目標に対して何%達成できているかを、確認していくべきです。

また、前年のデータは、誰もが否定できないデータですので、誰にでも納得度も高い数字です。前年より伸びている、減っているというのは説明もしやすいのです。

しかし、前年は前年です。比較することで安心感は得られるかもしれませんが、将来のありたい姿に対し、どんな進捗がなされているかが見えません。将来の目標と現在地を比較するようにしていくべきです。

さらに問題なのが、前年並みを目指してしまうと、現状維持志向が高まってしまうことです。私は、「現状維持は衰退の始まり」と言っています。マンネリではなく、新しいことを展開し、新しい価値を作り続けることが成長の第一歩になります。過去を見るのは、変化への恐怖心かもしれません。

前年並みを目指すのは変化への恐怖心、明るい未来を切り開きましょう

過去の栄光がかえって障害となり、利益率を減少させる

2020年からの新型コロナウイルス感染症の影響によって、世の中が大きく変わりました。オンライン化は当然となり、クレジットカード決済、各種PAY決済も普通になりました。オンライン会議、オンラインセミナーも日常となり、非接触、手軽に、インター

ネットを利用して何でもできてしまう世の中に大きく変わりました。

そうした中、変化をしようとしても変われない企業もあります。一部、変わろうとしない企業もありますが、変わりたいけれど変われない企業もあります。

変わりたいけれど変われない要因は、過去の栄光が重荷になっていることにあります。業界の歴史、文化を守ろうとする心意気は素晴らしいものです。また、歴史、文化、栄光が自分たちの誇りでもあり、それらを否定されることがつらいことであることも確かです。だから守りに入ることもあります。

しかし、守りに入っているだけでは、変化に対応できません。コロナ前と同じ商品・サービス、売り方だけでは、売上・利益も減少傾向になることもあります。

過去の栄光には、三つのタイプがあります。

一つ目は、新しいこと自体が、過去に自分が成功してきたことへの否定であることです。例えば、ラーメン屋の券売機があります。出はじめのころ、その導入には、かなり抵抗もありました。ラーメン屋では、オーダーを受けるとき、配膳のとき、お客様からお金をいただくときに、お客様と接点を持ちます。その接点でちょっとした会話をしたり、心意気を伝えたりすることで、心が通い、常連客を作ってきたという店主さんもいらっしゃいます。そうした人に券売機をお勧めしても納得できるはずがありません。そのように考える人にとっては、お客様との接点が少なくなれば、ラーメン屋の仕事はラーメンを出すだけの単純作業と感じてしまうかもしれません。

二つ目は、業界の文化が新しいことを拒絶してしまうパターンです。

例えば、寿司業界には、日本の文化を支えるという重要な役割があります。箸を使う場合は箸置きを利用し、しょうゆは専用のお皿を利用し、ネタの端に少しだけ醤油をつけ、新鮮なネタを味わいます。わさびも少しのせると風味も増して味わい深くなります。お吸い物は右側に配置、お寿司屋の店主と会話を交わしながら、その日の良いネタを楽しみながら味わうという、歴史ある文化です。

しかし、最近の回転寿司では、受付はロボットやスマホのアプリで行い、席に案内も番号札の自動化、席に着けば、箸置きもなければ、しょうゆは直接かけ、お吸い物はレーンから運ばれ、お茶もセルフ、自動化により機械で注文し、お会計も無人レジでキャッシュレス決済という、かつての寿司の業界では考えられないことが当たり前になりました。そして、それを消費者が求めているという事実があります。文化を守りながら、消費者の求めることに応えていくことに悩んでしまうこともあるでしょう。

三つ目には、自社の存在感をわかってもらえないことへの怒りの感情です。

例えば、学習塾の経営者には、勉強だけでなく子供への人間教育を担ってきたという自負をお持ちの人もいらっしゃいます。塾で教わった生徒さんが思いやりを持ったお子さんに育っていくことは意義深いことです。

しかし、最近の学習塾は、合格率やテストの点数など、親御さんの求めているものが「結果そのもの」になりつつあります。塾の理念・方針や相性も考えずに、合格という結果だけを求め、選ぶ保護者もいるようです。自分たちの本当の役割は、結果だけではなく、学習や先生とのかかわりを通じて、生徒さんに幸せになってもらうこと、という温かい思いを持っている学習塾も多くあります。しかし、そうした気持ちが届かないことは、悲しいことですが、現実です。こうしたことから、時代に合わせ、結果志向にならなくてはいけないのはわかっているけれど、変わりたくないという感情が芽生えることは正直なことなのかもしれません。

とはいえ、時代が変わっているということは、誰もが感じています。時代には早く対応していくべきです。このような変わりたくない、変われないという背景の感情を理解することで、変わりたくないけれど、自分なりに変えられるところを変えて、守りたいところを守っていくという発想の転換をしていくべきです。

ラーメン屋が券売機を導入することでオーダーとお支払いでかかわりが薄くなるのであれば、その分配膳のときに、笑顔と心を120%込めていけばいいかもしれません。寿司屋であれば、今までの文化を守りながら、ホームページからの予約システムやクレジットカード対応など、納得できるところだけ導入してみても良いかもしれません。学習塾ならば、理念を伝え続け、わかってくれる保護者さん、生徒さんに大きくPRをして、結果まで出せるようにしていければ理想です。

過去の栄光は防衛本能。傷つきながらでも、変化していく

過去の栄光を美化して変わらないのではなく、変化できるところを変えながら、戦略を立てていくことが大切な時代なのです。

数字を見るのが怖い↓どんぶり勘定になる↓預金が減る

うまくいかないときの数字を見ることはつらいことです。でも数字は直視しなくてはい

けません。

数字は正直です。今の状態を示してくれます。数字を見ないでいるとどんぶり勘定になります。どんぶり勘定では、きっとお金が入って来るはずだ、出ていくお金は少ないはずだ、という不思議なプラス思考になります。

パーキンソンの法則の第2法則というものがあります。これは、「支出の額は、収入の額に達するまで膨張する」というものです。つまり、収入が増えたらそれに見合って支出も増えるようになるということです。お金がたくさん入ってきたら、嬉しくて使ってしまうということもありますね。しっかり管理する金庫番の方がいないとお金はどんどん出て行ってしまいます。

つまり、数字を見るのを怖がって、直視しないでいると、現預金はどんどん減っていきます。

では、数字を直視すると何が見えるでしょうか。

ひとつは、意外に儲かっていない現実を知ってしまいます。そして、現預金が減っていくという現実を見せつけられてしまいます。さらには、お金を借りに銀行に行くと、聞かれたことに答えられず、どうなっていくんだろうという恐怖心がＭＡＸになってしまいます。

こうした混乱から、結局のところ、何をしていいかわからなくなることもあります。

私が顧問先に提供している資金繰り表は、「ミラクルシート」と呼んでおり、本当にミラクルを起こしてきました。このミラクルシートの内容は、単純に入金の一覧表と出金の一覧表を形にしたものです。入金は早く、最大にする。出金は最小にする。お金を毎月残していくようにするというものです。そうするとお金は残っていきます。

・今月と来月、いくらお金が入ってきますか？
・今月と来月、いくらお金が出ていきますか？
・3か月以降の入金・出金のざっくりした予定は？
・毎月、いくら出金がありますか？
・出金に対して、毎月、入金がいくらあれば賄《まかな》えますか？
・お金が足りなくなったときには、どこで手当てしていきますか？
・使わないで済むお金はありますか？

などを、考えているだけではなく実際にミラクルシートに入力していくと、お金が残っていきます。

最初のうちは精神的にきついのですが、お金が残っていくようになると入力するのが楽しくなっていきます。

怖くても数字を直視する。数字を記録し続けると、お金が残るようになる

労働生産性を見ればわかる「社員の稼ぐ力」を把握していない

労働生産性とは、一人当たりの稼ぐ力です。難しい言葉でいうと、従業員一人当たりの付加価値額と言われています。この数値が高ければ高いほど、社員さんが頑張って稼いでいることがわかります。

付加価値額＝労務費＋売上原価の減価償却費＋人件費＋地代家賃＋販売費および一般管理費の減価償却費＋租税公課＋支払利息・割引料＋経常利益＋能力開発費

この付加価値額を、人件費にどの程度割いているか、という割合を労働分配率と言っています。労働分配率は、小規模企業の平均は86・5％です（中規模企業80・0％、大企業57・6％）です。

労働分配率＝（労務費・人件費÷付加価値額）×１００

出所：財務省「法人企業統計調査年報」

次頁の表を見ると、建設業では、従業員一人で平均６３４万円、会社に対して稼ぎを生み出しているといえます。労働分配率が86・5％とすれば、従業員一人当たりの給料は、約５４８・４万円になります。従業員が稼ぎ出した付加価値が十分に給料で還元されているという、良いお話になります。

次頁の数値を基準に考えていけることを以下に示します。

①労働生産性（従業員一人当たりの付加価値額）が低すぎないか

この数値が低すぎるということは、稼げていないことを表しています。基本的には、経常利益＋減価償却費がベースになっていますから、利益を十分に上げて、機械設備などを投入し、生産性を高めていく企業はこの数値が高くなります。一方、赤字が計上されていたり、人は多いのに効率的に売上・利益が稼ぎ出せていないと、低い数値になります。平均値と比較して、どうなっているかを一度確認することをお勧めします。

②労働生産性（従業員一人当たりの付加価値額）が高すぎないか

この数値が高すぎるということは、十分に稼ぎ出せているということになります。ＩＴ化、仕組み化、効率化、利益額が十分に稼ぎ出せていて、設備投資もできているという状況においては数値が高く出ます。良い結果ではありますが、高すぎる場合には、弊害が起こる可能性があります。人使いが荒い、高すぎる目標で現場がクタクタになり、疲弊していることもあります。稼ぎすぎているという場合には、こうしたことが起こっていないか、チェックも必要です。

③労働分配率が低すぎないか

労働分配率とは、稼ぎ出した付加価

業　種	労働生産性（単位：万円）
建設業	634.941
製造業	588.258
情報通信業	629.718
運輸業、郵便業	486.043
卸売業	674.481
小売業	363.958
不動産業、物品賃貸業	1056.713
学術研究、専門・技術サービス業	631.719
宿泊業、飲食サービス業	213.875
生活関連サービス業、娯楽業	384.334
サービス業（他に分類されないもの）	360.149

出所：中小企業庁「令和３年中小企業実態基本調査（令和２年度決算実績）」

値額を、従業員の人件費（給与）にどれだけの割合で払っているかという指標です。みんなで稼いだら、給与で分けていきましょう、という指標です。この指標が低すぎるということは、二つ要因があります。一つは、人件費の水準が、もともと低いという場合です。家族だけで経営していれば良いかもしれませんが、給与水準が低いとこの数値は当然、低く出ます。二つ目は、十分稼いでいるにもかかわらず、従業員さんに還元していないという場合です。業績が伸びているにも関わらず、給料が低いままだったら、従業員さんもやる気が落ちてしまいます。稼いだら、還元してもらいたいと思う従業員さんが多いと思いますので、配慮が必要です。

④労働分配率が高すぎないか

この数値が高いということは、二つ要因があります。一つ目は、単純に給料水準が高いということです。二つ目は、十分に稼げていないということです。稼げていないにもかかわらず給料がそのままだったら、業績も悪化することは誰の目にも明らかです。例えば、以前は業績好調だったので、給料も良かったけれど、今は業績が低迷していて、給料を引き下げることもできずにいると、この数値は高くなってしまいます。

人件費総額を考えるとき、稼いだ分（労働生産性）に基づいて、分ける（労働分配率）ことをすると、適正な給料水準になることが多いです。毎月の給料はほぼ固定的であっても、賞与（ボーナス）の総額を決めるときに、このような指標を使う企業もあります。

稼いだ金額を毎月、数字で見て、喜んでみんなで山分けしましょう

どんなに頑張っても「かごの鳥」では、売上・利益は減少していく

「変えたくても変えられない」「どう行動していいかわからない」中小企業の悩みは尽きないというのが、現状ではないでしょうか。

実は、私も、変えられない時期が長くありました。

私の場合は、大学を中退し、19歳で父親から小さな零細企業を事業承継しています。社会人経験もなし、さらに、印刷業という不況業種です。同業の先輩から聞きながら、父と同じようなことをしようとしていました。そこでの営業活動は、お客様回りでした。いわゆる「御用聞き回り」と呼ばれるやり方です。

お客様のもとに、「何か注文はありませんか？」と顔を出すだけで、仕事がもらえました。

そして、「昨年、ご注文をいただいたもの、今年はいかがですか?」と聞くと、「昨年通りでお願いします」とほぼ注文がもらえました。

考えることもなく、顔を出すだけ、昨年のものを今年も注文をいただくという超保守的な会社でした。新しいことをする必要もなかったし、お客様に嫌われなければ、何とか注文がもらえました。しかし、世の中はそれほど甘いものではありません。年々受注も少なくなり、売上・利益も減っていきました。さらに、大口の取引先である大企業は担当者が変わると、一気に受注を失うこともありました。

何も対策を打てないこと、変化できないこと、どんなに頑張っても「かごの鳥」状態でした。業界のやり方、業界のしきたり、お客様からの長年の受発注形態を変えられず、今までのやり方をただ頑張るしかない。頑張れば頑張るほどドツボにはまっている感じもしてきます。

誰よりも頑張ってきたと自負していますが、それでも報われないこともあります。無情な現実に悲しみがあふれてきます。泣いてもわめいても、結論は出ません。どうすればいいの? 亡くなった父親の墓の前で何度も問いかけても答えてくれません。年々、売上・利益が減っていく恐怖心を感じました。

このままではいけない、変えていかなければいけないと思い続けていた20代でした。

その後、当社は、そのような形態を捨て去り、経営コンサルタント業に舵を切りました。思い切った決断でしたが、私が若かったからできたことかもしれません。

父親が守ってきた事業を、ある意味、壊してしまいました。私のやりたいことにシフトしました。お客様も事業も、受注の仕方も全部変わりました。父を支えてきた母は、きっと寂しさを感じたことと思います。

しかし、それでも、変化を引き起こし、自分で未来を切り開かなくてはいけなかったのです。


「もの寂しげに過去をみるな、それは二度と戻って来ないのだから。抜け目なく現在を収めよ、それは汝だ。影のような未来に向って進め、怖れずに雄々しい勇気をもって。」

「ハイペリオン」ロングフェロー

未来を見て、未来にどんな感情を持っていたいのか、を考えると、気分も明るくなれます。

頑張っても報われない悲しみを感じつくしたら、次は変化を自分で引き起こす

成長する会社と退化する会社にあった9つの違いとは？

現在の私の仕事は、金融機関や行政機関での経営相談で、多い年には一年間でのべ300社以上の相談を受けます。この16年間で1600社という数字を挙げていますが、これでも少なく見積もっている数字です。

多くの経営者からの相談を受けていると、最初の面会でどんな相談なのか、ある程度は表情からも読み取れるようになりました。量稽古を重ねていると、不思議なことに、その方が言ってもらいたい言葉が、天から降ってくる感覚になることもあります。そんな中で、退化する会社と成長する会社には、大きな違いがあることがわかってきましたので、ご紹介をします。

退化していく会社は、自己犠牲の精神、責任感、罪悪感、モヤモヤ、不安、恐怖、感情にフタをしてしまい頑張ります。頑張ることが悪循環を生みます。なぜなら、無理しているからです。お客様から主人と奴隷の関係を強いられて、不平・不満があっても、無理して笑顔を作ります。ストレスもたまります。安さ、差別化などプレッシャーも受け続け、お客様の要求にこたえるために、努力や長時間労働で乗り切ります。かなり無理しています。

私も経験してきた世界ですが、思い出すだけで辛くなります。

一方で、成長する会社は、自分軸がしっかりしています。「愛・喜び・感謝」がベースにあり、自己犠牲はありません。「犠牲ではなく貢献」の意識が根付いています。また、自分たちの従業員を大切にしています。まず、自分たちの感情がクリアになっていて、豊かさ、安心、楽しさを味わうことができているので、そのような出来事が引き寄せられます。楽しそうにしているので、お客様を引き寄せます。成長する企業というのは、営業しない会社も多いということにも特徴を感じます。価値観を発信し、そこに引き寄せられる方がお客様になっているように感じます。

「愛・喜び・感謝」の豊かさのステージに経営を移行する

そんな世界って、本当にあるんですか？　と思われるかもしれません。私も最初は驚きましたが、確実にこうした小さな会社は存在しています。

では、ここからは、厳しい状況下を乗り越えた7つの会社の物語をご紹介します。

	退化する会社	進化する会社
精神性・感情	自己犠牲の精神 責任感、罪悪感 モヤモヤ 不安、恐怖、感情に蓋	感情がクリア 愛・喜び・感謝 自分たちが豊かさ、 安心、楽しさを味わう
見ているもの	今〜過去	今〜未来
感じているもの	不足するもの (不平、不満)	今、あるもの (有難い)
優先順位	お客様優先	自分軸から貢献意識で 顧客対応
営業の仕方	営業・説得	引き寄せ
お客様との関係	主人と奴隷	対等な関係
商品・価格	品質が同じなら 安いものが良い	あなたから ぜひ買いたいと 言ってくださる商品
選ばれ方	検索される情報 モノの差別化	経営者(会社)の 「価値観」に共感、 喜びの共有、個性全開
労　働	努力、 長時間労働で乗り切る	IT、効率化で仕組み化

第2章

成功を引き寄せた7つの会社の物語

ここからは、自己犠牲をやめて、経営者は自分の価値観に向き合い、自社が喜びを表現できる商品・サービスしている方々の事例を紹介します。

「愛・喜び・感謝」の豊かさマインドで活動すると、お金もご縁も動いていきます。なぜなら、お金もご縁も周波数の高い波動に引き寄せられるからです。

実話をベースにしていますが、事例企業への忖度なしに、わかりやすく表現したいため、ノンフィクション・ノベル形式で紹介します。登場企業や人物はすべて仮名です。

episode 1

喜びを追求してカフェを併設したら、新規客が増えた!

大森自動車整備サービスは、古くから地域に密着した自動車整備工場です。社長は、職人気質な三代目。社長の妻である大森幸恵さんが、経理や接客を担当しています。

最近は、ディーラーの営業攻勢、激安店のチェーン店、ネット、ガソリンスタンド、顧客の世代交代、客離れが起こっており、大森ご夫婦も、実は危機感を抱いていました。

ピーク時には500件だった顧客が、今では300件、そして売上20%ダウン、半導体不足もあって新車は売れない、価格競争も激しく整備は他にいく、ハイブリッド車は正規ディーラーが整備をするので、地域の自動車整備工場の仕事は年々、減っていきました。

そこで、大森ご夫婦は、そもそも、この商売をはじめた原点を見つめ直すことにしました。車の整備は好きだけれど、それ以上に「人が好き」ということを思い出したそうです。顔の見えるお客様のことが特に好きで、待ち時間に手作りのお菓子を出して喜んでもらったことが嬉しくて忘れられませんでした。さらに、お料理も好きだし、友人も多いし、隣に空いている土地もあるので、思い切ってカフェをやってみよう！ と思い立ちました。

整備待ちのお客様に利用してもらえるだけでなく、カフェに来てくださったお客様が整備を依頼することもあるかもしれないと期待し、まずははじめることにしました。何より「カフェをやりたい」という気持ちが盛り上がって、止まらなくなりました。

反対意見もありました。昭和の世代の方々にとって、「自動車整備屋」、業種的には、自動車整備サービス業が本業以外にカフェをやるなんて、考えられないことなのでしょう。でも、このような固定した発想が、事業を衰退させていることに薄々気づいていました。

そして、ついにカフェをオープンしました。大好きなお菓子作り、お弁当作り、ランチプレートのメニュー開発、コーヒーや紅茶の研究など、いくら時間をかけても、楽しくて、

楽しくて、全然苦になりませんでした。そして、来てくれたお客様とお話することも楽しくて、悩み相談を受けたりすることも増えました。イベントを開催してみると、お客様は友達を連れてきてくれて、盛り上がりました。フラワーアレジメントや占い体験、カウンセリング、料理教室など、心が躍り、心が通うイベントは、悩んでいる方や、居場所を求めている方にとって、求めていた場所になりました。

しかし、カフェをやってみると、意外に利益は上がりません。朝早くに仕込みをして、夕方まで接客をしていると多忙な毎日で、お弁当注文が大量に入ると、朝からてんてこ舞いになってしまいます。にもかかわらず、500円や300円のものを一個ずつ売っているのでは、利益が出ません。でも、お客様は喜んでくれるからやめられません。

夫婦で意見が分かれることもありました。「カフェなんか、辞めたらいいんじゃないか」と、時々、夫婦喧嘩にもなりました。でも、楽しくて仕方がないので、絶対にやめたくありません。お客様にも喜んでいただいています。

すると、しばらくしてカフェに来てくれる方から車検の依頼が相次ぐようになりました。カフェに常連さんに、隣が自動車整備工場であることから、さりげなくオイル交換や車検の案内をしてみたら、「それなら大森さんのお店にお願いしたい」とご依頼をいただけるようになりました。カフェを開設して10か月を経過したくらいから徐々に自動車整備のお仕事が増えていったのです。そうです。信頼関係を築くには、一定の期間が必要だったのです。出会ってすぐに仕事を依頼する人は少ないかもしれません。でも、いつも明るく、楽しそうに、そして「喜び全開」で仕事をしているご夫婦を見て、お客様が「この人の会社に整備を依頼したい」と思ってくださったそうです。

今では、カフェに来てくれた方が口コミで紹介してくださり、女性のお客様比率が高い自動車整備工場になっています。

【法則番号】⑩⑪⑰㉒

Episode 2
ノルマをやめて、非効率な御礼状を続けたら、売上がV字回復した！

及川商店は、海産物を加工する水産加工業です。観光客向けのお土産品を製造し、地域の道の駅やスーパー、それと工場直結の直売所で販売をしています。海沿いの観光地でもあり、修学旅行生、団体客、個人客が、工場視察や観光をしながら、商品を買ってくださっています。

これまで、順調ではない道のりがありました。特に、東日本大震災では、命は助かったものの、お店の商品、お店自体も津波ですべて流されました。今まで培ってきた商品、工場、機械、パソコン、データ、すべて流出してしまったことに絶望を感じ、もうダメだと思ったこともありました。せっかくここまで事業を軌道に乗せてきたのに、全部津波で流されてしまった。なぜ私だけ、こんな目に合わなくてはいけないの、私の何が間違っていたの……。怒りと悲しみが混在し、精神的にも不安定な日々が続き、しばらく泣き続けて、もぬけの殻になっていた時期もありました。

着の身着のまま避難所で生活をするようになると、同業の方やお客様にも会えました。「生きていて良かったね」、「及川さんとまた会えて嬉しい」、「またゼロから一緒に頑張りましょう」と、前を向いている方の姿を見ました。心が震える瞬間でした。自分だけ被害者意識でいることが恥ずかしい気持ちにもなりました。

「よしもう一度、頑張ろう」と思ったら、即行動に移しました。幸い、商品は入手できます。仲間の工場の敷地の一部を借りて、工場も再開できるめどが立ちました。さっそく、道の駅で販売をしたところ、お客様がたくさん来てくれました。「この味、この味……」、試食した方が涙ぐみながら感極まっています。及川商店の商品を求めてくださっている方は確実にいることを実感しました。

もともと、及川商店は、昭和の営業気質が強く、営業ノルマ、商品ごとの売上目標必達、利益を上げてくれるお客様を大事に、個人客よりも大口顧客を大切にする、という方針が根付いていました。でも、今回の出来事で、そんなことは関係ない、必要としてくれる方に対して、人間対人間の心の琴線に触れるような関わり方をしていこうと決めました。

東日本大震災で助かった命でした。生き残った意味を感じながら、自分たちが得ることを考えるのではなく、愛と感謝を発信していこうと方針を変えました。

震災後の、温かい応援メッセージ、買ってくれたこと、応援に、すべてを無くしたからこそありがたみを感じることができました。人の心とは、こんなにも温かく、嬉しいものなのだと感じるようになったことも、失ってはじめて気づいたことでした。

そこで感謝の気持ちを定形フォームではなく、パソコンでもなく、一枚一枚手書きで、してもらったことに対するありがたい気持ちを本音で正直に感情全開で書いた、御礼状を送付しました。

最初の頃、一枚書くのに30分以上かかってしまい、仕事でクタクタになったあと、夜に御礼状を書くことは、体力的にはきついことでした。しかし、書いているうちに、感情が浄化され、元気をいただくようになりました。慣れてくると、すらすらと自分の感情が表現できるようになり、御礼状を書くことが楽しみにもなりました。また来てくれるかどうかわからない方に御礼状を書くことは非効率なことです。大口の顧客に対応していた方が営業成果もあがるのかもしれません。しかし、感謝のエネルギーというのは、飛び火します。直接、その方への営業でなくても、不思議なルートから、新しい注文が入るようになりました。感謝の波動で生きると、良いことが起こるのかもしれません。

3年間で御礼状を送付した人数は、のべ1000人になりました。単なる顧客リストではなく、顔を合わせて、心の通った関係性のある方が1000人いるということです。御中元や御歳暮の時期にご案内をすると、一定数の方が注文をくださるようになりました。また、熱烈なファンもできるようになり、リピートで毎年購入してくださる方も増えてきました。

今、震災後の復興も進み、新店舗を構え、お客様に支えられながら、毎日、感謝の気持ちでいっぱいに生きるようになれました。お客様に恵まれ、安定した企業にゆっくりと成長しています。

【法則】⑩⑪⑮⑰㉑㉒

Episode 3
お客様は神様じゃない。自己犠牲営業をやめたら、利益率が上がった！

萩野文房具店の二代目社長である萩野幸太郎さんは、主に、御用聞きとして、大手企業を営業に回っています。「何か御用名はありませんか」と、取引先に顔を出していると、毎日のように発注が続いた時代もあったそうで、先代の父、萩野幸吉会長から、お客様にたくさん顔を出すことで仕事がもらえるという営業方針を受け継いできたのです。また、仕事がないときには、座り込みということで、「発注していただけるまで帰りません」という、昭和の営業を展開している企業でもありました。

大手企業と小さな会社が取引をすると、力関係の強弱がハッキリします。悪く言えば、主人と奴隷、使いっぱしりです。競争も激しいので、価格競争、相見積もりは日常茶飯事です。安く、早く、都合よくご要望に応えることで、お仕事を安定的に受注できる流れになっています。お客様にしてみても、かゆいところに手が届く、いつでも言いなりになってくれる、都合よく動いてくれるという存在は、使い勝手が良く、便利な存在です。悔しい思いをすることも多々ありますが、仕事とはそんなもんだと割り切ってここまで来ました。お客様との接待となれば、支払いするのは当たり前で、発注を約束しておきながら、軽くすっぽかされることもありました。ひどいときには、泥酔した取引先の担当者に髪の毛をつかまれ、「お前、誰のおかげで商売ができていると思うんだ」とののしられることもありました。しかし、実際その通りで、そのお客様に見放されたら、会社の売上は激減し、商売が成り立たなくなることは確かなことです。じっと耐えていました。

しかし、どうしても、耐えられない出来事が起こりました。取引先は大企業なので、担当者が変わることはよくあります。新しい担当部署には、親分肌のワンマン系の部長がいました。俺の言うことを聞く奴は、かわいがる。俺の言うことを聞かない奴は許さない、というわかりやすい方でもありました。それを感じながら、ちょっと無茶な難題を押し付けてきたことがありました。「うちのキャンペーン商品を買え、業者なんだから当然だろ」、「俺にもノルマがあるのだから協力しろ」と露骨に迫ってきました。その会社との年間取引額を大きく超える金額の商品です。明らかに不利な条件で圧力をかけてきます。

重要顧客からの要求ということで悩みましたが、明らかにこちらが不利な条件で、しかもこれまでも無理難題を押し付けられ、土日出勤や価格の引き下げ要求も強かったこともあり、勇気を出して、お断りしました。

そうしたところ、その担当部長は、あからさまに怒りだし、取引中止を言い渡されました。最後の一言は今でも忘れられません。

「おたく以外にいくらでも業者なんかいるんだぞ」と言い放たれたのです。

あまりに衝撃の言葉で固まってしまいました。そして、あっけなく取引は終了しました。

悔しくて、悔しくて、眠れない日々が続きました。結構、無理難題にも応えて、貢献してきた自負があったのです。それをそんな言葉で返されるなんて悲しすぎます。一生懸命尽くした相手からの、侮辱の言葉で幕切れとなりました。

こうしたことを感じつくしたあと、お客様への方針を考え直しました。お客様に対するポリシーを、犠牲ではなく、貢献をしようと方針を変えました。自分たちが敬意を表することができる良いお客様に貢献をして、役に立つ。役に立ったら感謝が返ってくるような対等な関係性を築いていこうと考え方を変えました。逆に自分たちを雑に扱うお客様、誇りと尊厳を傷つけるお客様との関係はこちらから願い下げだと、心に決めました。

そうした気持ちを整理できた後、不思議な出来事が起こりました。捨てる神あれば、拾う神あり。同じ規模、いや、それ以上の取引先を紹介いただきました。今考えても不思議なことです。失った空間には、新しいものが入るという真空の法則というものを聞いたことがありましたが、まさに失った顧客に対し、真空ができたところに、新しい良い顧客が入りました。社内売上ランキング4位だった企業を失い、その取引額以上の取引先が急に現れました。

しかも、そのお客様は、取引先として大切に扱ってくださり、次々と新規の発注をくださいました。自己犠牲的に、お客様を神様扱いするのではなく、対等な立場で、できることをしっかりする、できないことはできない、無理をしない、お互いを尊重するという関係性が築けるお客様だったので、見積書通りの受注ができるようになり、利益率も高くなりました。自社と合わない。大切にしてくれないお客様に自己犠牲を強いられる関係性を辞め、お互いに敬意ある関係性を築けるお客様と取引していくと、売上も利益率も上がっていくことを知りました。

【法則】②③④⑤⑨⑪⑫⑬⑭⑯⑰⑳㉑

Episode 4

メイン顧客の仕事を断ったら、売上が2倍になった！

株式会社ダイマックは建設業であり、主な顧客である大手ハウスメーカーの下請けで安定した売上を確保していました。しかし、年々、仕事量が減っていて、さらに、コストダウンなど顧客からの要求が細かくなってきています。結果として、利益が出ない仕事がほとんどになってしまいました。

このままではいけない、と思いながら、断れないという状況が長く続きました。もし、仕事を断ったら、次から受注することはできません。そうすると、売上が激減します。悩み続けても先が見えない日々が続きました。どうしようか悩んでいると、将来への不安、売上激減する恐怖と向き合うことになります。感情を感じつくすと、覚悟が決まってきます。スッキリと、自分たちのやりたいことを考えるようになりました。

そして、原点を思い出しました。株式会社ダイマックは、決まりきったことをただ淡々とする仕事には、やりがいを感じないと思うようになりました。自分たちで考え、問題を解決していく、クリエイト集団として仕事をしていくということにやりがいを感じるようになりました。また、これまでの会社の歴史からも、地域のリーダー企業としてやっていきたい、というビジョンを掲げていたことも思い出しました。

昭和の呪縛から「元請け企業は偉い、断ってはいけない」という意識が無意識に浸透していました。また、業界的にもピラミッド構造があり、下請けが元請けに進出すること自体、何となく許されにくい風潮もありました。しかし、もう時代は違います。

ただ、少し迷いもありました。お世話になった担当者、この仕事を受注するために苦労してきた古株の社員さん、この人たちのおかげで、今まで受注できた。この人たちのことを考えてしまうと、断ることなどできない、と感じてしまいますが、不採算な仕事をいつまでも続けていたら、会社が存続できないことも数字で明らかになっています。

よし、次に不採算な仕事が来たら、勇気を出して断ろう‼　決断をしました。

そして、その通り、不採算な仕事の話が来ましたが、勇気を出して断りました。その一件を断ったら、次からの受注はパタッと切れました。大手企業はドライです、受注したい企業は山のようにいます。下請けは選び放題、そんな中で断ったら、こうなることは想定通りでした。

しかし、勇気を出して断り、新たな方向に進もうとする人を、神様は見放すはずはありません。ダイマックの地域では、東日本大震災の大きな被害があり、官公庁の入札が激増していた時期でした。これまで経験してこなかった官公庁の仕事に入札参加するようになったところ、少しずつ仕事が取れるようになりました。たしかに、運やタイミングもあったかもしれません。しかし、ネガティブな感情を正直に受け止め、覚悟を決めて前に進んだことが成功の理由です。

結果を見たら、大手ハウスメーカーの下請けだった当時と比べ、売上は倍以上になり、社員数も30名体制になりました。地方の中小企業としては、成長企業として雑誌や広報誌に掲載される機会も増えました。地域行事や業界団体の役員も担うようになり、地域での知名度も高まって、あの会社に入りたい、と若い人材が入社してくれるようになりました。文字通り、地域のリーダー企業になり、役割を認識することで、仕事も増え、従業員も増え、成長企業として注目を集めています。

【法則】②③⑨⑪⑫⑬⑯⑰

Episode 5
自分たちのしてあげたいことを実行したら、地域NO・1になった！

今沢葬儀社は、長年にわたり葬祭業を営んでいます。地域に密着してきていますが、業界の歴史を振り返ると、過去には、差別的扱いを受けることもありました。しかし、近年は、映画『おくりびと』が多くの方の心を打ちヒットしたことで、社会的意義のある仕事として、葬儀が人の死に関する大切な役割のある仕事であることが認知されてきています。

人生の最後に寄り添う大切な仕事であることが認知されてきていますが、最近では、家族葬、身内だけで小さく葬儀をしたい、というご要望が増えてきています。参列者が少なくなると葬儀単価も下がります。当然、売上や利益も減少をします。中には、火葬だけで良い、葬儀は行わないというご遺族や、樹木葬、海洋葬などを選ばれる方も増えています。本来、葬儀とは、生きた方への敬意を示し、お世話になった方々と「お別れをする場」です。尊厳を持ってその方らしく、最高の形で送り出すための儀式です。また、お世話になった故人への御礼の気持ちや残されたご遺族への応援の気持ちから「ご香典」の仕組みがあります。「うちでも頂いたから、ご香典を出す」といった助け合い、日本人の和の心が表れる場でもあります。

しかし、最近では、葬儀の意義を感じる方も少なく、質素に、簡便に、形式的に、安く、無難に執り行われることも多くなってきました。

今沢葬儀社の方針は、「自分がしてもらいたいと思うことを、徹底的にしてさしあげよう。してあげること自体、自己満足かもしれない。それでも、葬儀社から愛を注ぐことで、悲しみを少しでも癒せるようにサポートしていこう」というものです。

例えば、

・故人が好きだった食べ物を棺に入れてあげよう
・故人が好きだったお花を取り寄せてあげよう
・ご遺族が少しでも気持ちが楽になれるように雑務はこちらで請け負ってあげよう
・ご遺族が来客対応でクタクタになっていたら、少しでも休ませてあげよう
・わからないことがあれば、ご遺族の立場になって最善の回答をしてあげよう

など、お節介にならない程度の親切、思いやり、ご遺族に思いを馳せる気持ちで寄り添うことを仕事にしています。売上とか利益は結果であり、まずは寄り添って愛を投げかけ続けることが仕事だと思っています。そうしたポリシーを貫いた結果、お客様からは、感謝の手紙が続々と届くようになりました。参列者からも「良い葬儀だったね」、「あの人らしいね」、「心意気があるね」、などありがたい感謝の言葉が相次ぎました。

そのような中で、大手の競合は、インターネットの広告攻勢をかけ、安さを売りに戦いを挑んできています。競争が激しくなると、単価も落ちてきています。さらに、新型コロナウイルス感染症の影響により、参列者も大幅に減少しました。結果として、売上と利益が激減しました。

しかし、地元で築いた信用や、一度、葬儀を依頼してくださった方からの熱烈な支持は

厚く、葬儀の件数が減ることはありませんでした。むしろ、親身にかかわったことでお墓・仏壇の相談、空き家処分、相続についてなど、葬儀後の相談も相次いだそうです。一度、心が通った人間関係ができれば、「今沢葬儀社に相談したい」という気持ちになります。そうしたお気持ちに対応することで、新サービスの展開にもつなげています。さらに、時代に合わせ、小さな規模の会館を立てたところ、ますます件数が増加中です。結果として、地域の中でのシェアが高まり、存在感を増しています、地域NO・1企業として、これからも心意気を大切に、新たなチャレンジを進めていきます。

【法則】④⑪⑬⑭⑮⑯⑰⑲㉒

Episode 6

感情を本音で伝え合ったら、後継者の快進撃が始まった！

株式会社西谷縫製社は、有名ブランドの婦人服を製造業です。地域では有名な企業ですが、有名ブランドからくる旧来の下請け体質があり、利益率が低迷しています。また、アパレル業界の不況が続いており、年々、いわゆる小ロットで売上も上がりにくい発注が増えています。さらに、近年では、布などの原材料の高騰、最低賃金の引上げ、水道光熱費の高騰などコスト上昇が経営を圧迫してきています。

このままでは、会社も維持できない。売上低迷、利益率低下、コスト高騰などの問題が一気にきており、まさに八方塞がりの状態に陥りました。天を仰いで祈ることも増えてきました。

西谷幸輔社長は、創業以来、荒波を乗り越えてきており、昭和のオイルショック、バブル、リーマンショック、東日本大震災を乗り越えた自負があり、「必ず良い時代は戻ってくる」と信じています。しかし、息子である西谷大輔専務は、「戻ってくることはない、時代が変わった」と認識しており、精神論だけで乗り越えようとする社長と意見が相違することも多く、会社の中で親子喧嘩をすることが日常茶飯事でした。

幸輔社長は、アパレルブランドの発注先と接待、飲み食い、ゴルフなど、昭和の営業をすれば、情報が入ってきて、打開できると考えています。昭和の呪縛があるようで、下請け企業にとって、発注先企業は命であり、人間関係を築けば仕事がくると、信じています。

しかし、ここ10年ほどは、ひどい扱いを受け、ひどい言葉を投げかけられ、在庫を押しつけられ、都合よく使われてきた存在であることも感じています。長年、そうした扱いを受けており、仕事とはそのようなものだと思っている幸輔社長は、状況を変えたくても変えられないのです。

しかし、これからの世代の大輔専務は、そうしたものに違和感を持っています。「自分たちの誇りと尊厳を取り戻そうよ。自分たちだって良い物作っているんだから、お客様に直接売ればいいんじゃないの？」と幸輔社長に詰め寄ります。社長は、そのようなことを展開すれば、アパレルメーカーから見放されるのでは、という恐怖心が先にきます。また、何となく自分がやってきたことを息子である大輔専務に否定されているような気持になり、賛同できません。西谷親子の喧嘩が続きました。

（専務）「社長が『やれ！』って言ったから赤字受注もしてきたんだよ」

（社長）「お前は黒字にできるように自分で考えられないのか」

（専務）「考えてやったら、社長はまた俺を否定するだろ」

「子供の頃からずっとそうだった」

（社長）「うるさい！　俺の言うことを聞かない奴はクビだ」

（専務）「そうやってワンマンだから社員も辞めちゃうんだ」

（社長）「黙れ！　今までの取引先であるアパレルメーカーに頭を下げてお願いするしかな

いんだ」

（社長）「俺だって怖いよ。でもやるしかないんだよ。良い時代は戻ってくる」

（専務）「もう過去は戻ってこないんだよ」「時代はＩＴ化しているんだよ」

（専務）「しかも、営業に行くって、今はコロナで面会すらしてもらえない時代だよ」

（社長）「お前は黙ってろ、俺が何とかしてくる」

そう言い残し、幸輔社長は東京に出張にいきました。

数日後、出張から帰ってきて、驚きの回答がありました。

アパレルメーカー担当者との雑談の中で、こう言われたそうです。

「最近は、製造拠点をもつ会社さんが自力でブランドを立ち上げることが増えているそうですね」

「西谷縫製社さんは、そのようなお取り組みをする予定はお考えですか」

「もしチャレンジするならば、当社に遠慮しないでくださいね」

業界的に厳しいということは発注先も分かっていて、ほかに活路があるのなら、広い心で応援するという意味のようでした。アパレルメーカーに歯向かったら、取引を切られてしまうと思い込んでいた幸輔社長はあっけにとられましたが、大輔専務は大喜びです。

「社長、さっそく、やってきましょう！」

こうして、大輔専務を中心に、自分たちでオリジナルブランドを作り、ネット販売直販を行うことにしました。これまでの恩義もあり、アパレルメーカーと重複しない分野を選び、悪影響を最小限にしようという幸輔社長の意見も取り入れ、子供服のアパレルブランドを立ち上げました。

快進撃が始まりました。時代は変わり、営業の手法もこれまでとは違います。大輔専務は、今必要なやり方を試行錯誤し、マスコミに対するプレスリリース、展示会出展、オンライン商談会、イベント出店など、LINE公式アカウント開設など、幸輔社長には考え付かないアイデアをどんどん実行し、瞬く間に、新しい顧客を開拓しました。今まで受注してこなかった分野、やりたかったこと、洋服の話をしていること自体が楽しくて仕方がないようです。楽しさに人が集まり、いつの間にか仕事になっていきました。さらに、自分たちの提供したい価格で直接販売するので、利益も残ります。好きな洋服を作り、喜んでもらえて、お金もいただける。社員のやりがいも高まり、明るい会社になり、とても良い事業になりました。

今では、社長は息子である大輔専務を信頼し、任せています。大輔専務は、父親である幸輔社長に敬意を持ち、なにかと相談するようになりました。感情をぶつけ合った中だからこそ、お互いに理解し合える関係になりました。近い将来、事業承継を行う決断をし、西谷大輔専務は社長になり、西谷幸輔社長は会長に就任します。

【法則】①⑥⑦⑧⑯㉒

Episode 7
指示・命令をやめたら、社員が協力してくれるようになった！

割烹みやぎのは、地方の割烹料理店です。美味しい料理と個室、宴会が中心で毎日、大宴会で盛り上がった時代が懐かしく微笑んでいます。

しかし、今は宴会が少なくなりました。昔は、会社関係のお客様が経費で値段を気にせずに料理、高級日本酒を頼んでくれました。しかし、今は、個人客が大半となり、夕食かたがたお酒をたしなむ程度、または家族連れの顧客が増えています。そうすると客単価も落ちてしまい、お店の売上・利益も低迷します。昔は、広告や営業もせずに、黙っていても来てくれたのに今は来てくれません。あの頃が懐かしいと過去を思い出し、今を嘆く日々が続いていました。

このままではいけないと、今までやったことがないチラシを作って配布することにしました。社長である佐藤敏郎さん一人で奮起する中で、社員に指示を出します。

しかし、社員は動いてくれません。

「なぜ、やらなくてはいけないのですか？」

佐藤社長に反抗的な態度です。

仕方がないので、佐藤社長、一人でメニューを考え、手作りのチラシを作りました。佐藤社長は、パソコンが人並みには使えるものの、デザインは苦手です。しかも、料理職人上がりということもあり、営業も苦手です。まわりの飲食店がチラシ、営業をしていることから、うちもしっかりやらなくてはいけないな、と思っていたところでした。結局、お蔵入りになり、チラシ配布は幻となりました。

しかし、そうも言っていられないようになりました。9月に売上が急減しました。原因は、ライバル会社が激安3000円飲み放題コースを設定し、チラシ配布をしていることから、顧客が一気に流れたためと思われます。

「どうしよう、お客様を取られてしまう」

「いやいや、3000円コースなんて、満足できるはずがない、お客様は戻ってくるはずですよ」

「でも今の顧客は、安いものでも良いと割り切っている節もある」

「うちの何が悪いんだろうか、どうしようか」

「先手を打たなかったのが悪かったのか」

不安ばかりが先行してしまい、自己嫌悪、自分攻めで頭の中がグルグルしてしまいます。

社員に対しては、やれと言っても動かない、忙しいから無理と言われる、社長がやるしかない、命令すれば人が動く、社長の指示命令は絶対というトップダウンが今の社員さんには通じない。そもそも、自分が料理人として育ったころは、男は、黙々と仕事をするもの、不平、不満、愚痴、泣き言を言わない、いちいち感情を出さないものでした。また、先輩の言うことは絶対と教わってきたし、佐藤社長もそうしてきました。

でも、今の社員は、こうしたことを、わかってくれない。

「なぜ俺がこんなに頑張っているのにわかってくれないんだ」

悲しみが、だんだんと怒りに変わってきた。

社員は、自分の息子、娘のように、思ってきました。厳しかったかもしれないけれど、愛情を注いできました。困ったときには手を差し伸べてきたつもりです。俺の背中を見て育ってきてくれたと感謝もしている。しかし、これまで、社員を褒めたことがない、ダメだ、ダメだ、まだまだ一人前ではないな、と否定ばかりだったことに気づきました。

こうした経営危機になっているのも、社長である自分が悪かったということに気づきました。方向性も見いだせず、ただ命令し、不安や恐怖心から社員に当たり散らしていたことを大いに反省しました。

そして、社員に素直に感情を伝えました。

「これまで悪かったな、だんだんお客様が来なくなって焦りと不安があった」

「みんなに当たり散らして、本当に悪かった。ごめん」

「みんなのこと、家族と同じように大切に思っているよ、一緒に頑張ろう」

ところが、社員たちの反応は、「急にどうしたの」「気持ち悪い、なんか裏があるのでは」と疑ってしまい、今までと変わることはありませんでした。わかってもらえない佐藤社長は、悲しみに浸りながら、これまで通り、忘年会のメニューを一人で作り、既存客へのDM郵送、拗ねながらも時間がないため、投げやりな気持ちで取り組んでいました。

ある日、古株の社員である菅井さんは、

「社長、顔色が悪いけれど、どうしたんですか」と聞いてきました。

正直に今の心境を話しました。

「みんなに悪いと思って素直な言葉で伝えたのに、わかってもらえなくて悲しい」

「でも、うちは美味しい料理を出して、喜んでもらえる良い仕事だと思う」

「お客様にも喜んでほしいけれど、社員のみんなにも喜んでもらいたいんだ」

本当にそう思っていたことに、驚いた古株の菅井さんから、さっそくみんなに話が伝わりました。

「社長、手伝います」

「社長、俺メニュー考えたいと思っていたんです」

「今まで、どうせ社長に否定されるとあきらめていました」

実行してみたら結果が出るのは早かったのです。忘年会の予約前に告知ができたことで、声がかかり、「みやぎのの美味しい料理が食べたいから早めにお願いしよう」というお客様からの予約が入りました。もともと、味も良く、佐藤社長のキャラクターも知れ渡っていたので、顧客からの支持は高かった企業でした。少し、形をつくってきちんと告知できたことで、12月の売上は前年比で約2倍になりました。

社員と一丸となるためには、佐藤社長自身が心を開いていくことが大切であることを学びました。

【法則】①②⑥⑦⑧⑫⑭⑮⑯⑰⑱⑳㉒

以上7つの物語をご紹介しました。つらいことも悲しいこともありましたが、乗り越えていきました。このように、向き合って、前を向いていくためには、どうすればいいのか、次章からは、ズバリ、お金と自由を引き寄せる22の法則をご紹介します。

第3章

ネガティブ感情をクリアにする法則

私の経営相談では、まず、お話を丁寧に聞きます。聞いてもらっただけで満足する方も多くいらっしゃいます。なぜなら、感じているネガティブな感情をわかってもらえた、ということだけで嬉しいからです。誰もわかってくれなかったけれど、わかってくれている人がいると思うと勇気が出ます。そうした気持ちになると、ネガティブ感情が解放されて、モヤモヤがクリアになります。ノイズがなくなりますので、スッキリ行動ができるようになります。それだけで、結果が出る方も多くいらっしゃいます。プラス感情を受け止めるには、まず、ネガティブ感情をクリアにする必要があるのです。

無理なプラス思考や、無理に感謝することなど、本心と思考が分離していると、ひずみを生みます。だからこそ、本心のネガティブな感情も認めてあげることで、自分を大切にすることにもなります。本当の自分の気持ちに気づいて、モヤモヤが解消できるから次の行動に進めるようになります。

まずは、ネガティブ感情をクリアにする法則を8つご紹介します。

《法則１》悲しみに気づくと自己肯定感が上がる

「社員が思い通り動いてくれない」と感じるのは、「自分がこんなに頑張ってきたのに」という悲しみの現れ

中小企業では、社長が、朝から晩まで、休みなく、働く場面もあります。せっかくのお休みの日にも電話が鳴ったり、メールが入ったりすれば一気に仕事モードになります。社内のみんなは同じ気持ちだ、と思って、頑張っていると、意外に、社員さんは、協力してくれないこともあります。

社員さんには社員さんの都合があります。社長一族のご家族には、それぞれの事情があります。社長の味方であるはず、社長の立場を親身に考えてくれるはずと思っていると、裏切られた気持ちになります。

悲しくなります。怒りが全開になることもあります。誰のために仕事をしているのか、わからなくなることもあります。「社員が思い通り動いてくれない」、と感じるときは、頭ではわかっているものの、あきらめすら漂う深い悲しみに包まれます。家族のため、社員のため、一生懸命に取り組んでいてもわかってもらえない悲しみは、味わってみなければわ

からないものです。

法則1では、このように「自分がこんなに頑張ってきたのに誰もわかってくれない」という悲しみを正面から受け止めると、自己肯定感が上がるという話をします。

このような気持ちになる背景には、三つの感情があります。

まず、社長自身が「頑張っている」という責任感には、認められたいという承認欲求がある場合があります。認めてもらいたいエネルギーは相当なもので、満たされれば良い方向に向かいます。しかし、満たされない場合は、悪のエネルギーに向かうことになり、拗ねたり、ふてくされたりするのはカワイイ方で、中には、攻撃的になる方や、否定的な態度、怒りや反感をぶつけてくる方もいます。承認欲求という強いエネルギーは上手な対処法を考えなくてはいけません。

二つ目に、社員さんは、きっとついてきてくれるはず、社長の言うことを聞いてくれるはず、という社長の願望があります。社員は自分の子供のようなもの、と思っていらっしゃることは素晴らしいです。しかし、度を過ぎると支配欲に繋がることもあります。自分の言うことは絶対、という世界が昭和の時代には通用したかもしれませんが、今は、令和です。社長の命令は、ときにパワハラになることもありますので、注意が必要です。この支配欲が、裏切られとき、深い悲しみに繋がります。

三つ目は、自尊心が傷つくということです。社員さんは定時で帰り、週休２日、さらには有給休暇もしっかり取っています。しかし、社長である自分は年中無休、朝から晩まで仕事をして、まるで奴隷のように働き詰めになることもあります。何をやっているんだろう。誰のためにやっているんだろう。人を雇えれば良いけれど、雇うお金もない。人が集まらない。自分が働くしかない、やるしかない。ボロボロになっても被害者でも、もう何でもいい。自尊心は傷つきっぱなしです。投げやりになりながら、やさぐれた感情、ふてくされた気持ち、そんな感情を持つのも仕方がないかもしれません。

それでは、どう対処すればよいでしょうか。

「社長は誰よりも一番頑張っている」ということを、自分が一番わかってあげればそれで良いのです。自分で承認欲求を満たす、最高の理解者になれば良いのです。自己承認という考えです。

ちまたでは、社長が承認欲求を持つことはよくないという意見がありますが、私はまったく反対の意見を持っています。「社長の承認欲求」を認めてあげるべきです。自己愛が強く、承認欲求も持っているから、人より上に行きたい、もっと役に立ちたいと思えるのです。社長が承認欲求をもつことは良いことです。「マズローの欲求5段階」によると、承認欲求は高次の欲求とされています。認めてもらいたいから頑張るのです。そういう気持ちを正面から、自分でわかってあげることが大切です。

問題なのは、承認欲求を他人に求め続けることです。これは弊害を生むことになります。承認欲求を自分で満たすことができれば、上手に付き合えます。

「自分、よくここまで頑張ってきたね。誰よりも自分がわかってるよ」

「みんなのために頑張ってきたのに、わかってもらえなくて悲しかったね」

「すごいよ、自分」、「素敵だよ、自分」、「さすがだね、自分」

「よくこんな状態で精神を保っていられるね。さすが！　ただ物ではないね」

母親が小さい子供を褒めるように、自分で自分を褒めて！　褒めて！　褒めて！　認めてあげましょう。自分が自分の一番の理解者です。自己肯定感が上がると他人にも優しくなれます。また、悲しみがスーッと引いていきます。怒りも収まっていきます。

社員さんが思い通りに動いてくれない、という出来事は、このような感情に気づくきっかけになります。

《法則1》悲しみに気づくと自己肯定感が上がる

ひとつ、感情がクリアになったところで、次は怒りを昇華させるお話をお伝えします。

《法則2》怒りを昇華させると恐怖心がクリアになる

社員の失敗、他人のミスを責める心は恐怖心から

私が父から事業を承継したとき、父から引き継いだお客様からの仕事を守らなくてはならないというプレッシャーが常にありました。打ち合わせに行く前には、資料をバッチリそろえ、事前シミュレーションをしてからお客様と面談していました。

緊張から真冬でも、背中が汗でびっしょりだったことを覚えています。特に、大口顧客では、失敗は許されない、父から受け継いだ仕事を失ったら、我が社は終わってしまうかもしれないとすら思っていました。

そんなとき、ちょっとしたことで、お客様とトラブルになったことがあります。FAXを送ったはずなのに、まだ返事はありませんか、のような問い合わせでした。しかも、急いでいる案件だったようで、お客様はいらだっていました。

「申し訳ありません」と会社内を確認してみると、FAX機と壁の間に一枚に紙が落ちていました。一週間ほど前の日付でありました。

「あぁ～～！」顔が真っ青になったことを覚えています。

同時に、激しい怒りが湧いてきました。

事務を担当していた女性に怒りをぶつけてしまいました。

「なぜ確認しないんだ！」普段大声を出したりしない私が、怒り狂いました。

なぜあんなに怒ったのか、今ならば、理解ができます。

このお客様は、父の代からの大切なお客様でした。ミスをして、取引中止になった場合には、会社の売上は大きく落ち込みます。

お客様を失う恐怖は半端なかった、ということは間違いない事実です。怒りの背景は、恐怖心でした。恐怖心が強かったから、怒りも強くなりました。

恐怖心と向き合ってみると、早い段階で対策が取れます。そもそも、恐怖心を持ち続けて、仕事をしているというのは、好ましくないことです。本当に疲れてしまいます。

対策としては、「このお客様との取引割合が高すぎるから、新しいお客様も今のうちから開拓しておこう」などと、3年から5年かけてゆっくりと取引先を分散させるようにします。対策を早く考えておけば、安心感につながります。

取引先が分散すると、リスクも分散します。恐怖心が薄れます。もちろん、お仕事では、誠心誠意尽くすけれど、それでも仕事を失うならば仕方がない、と思えれば、かなり楽に仕事ができます。むしろ、ポジティブなときは、楽しい気持ち、喜びがお客様には伝わりますので、そうそう裏切られることはなくなっていきます。

このように怒りの背景にある恐怖心に気づけば、もう大丈夫です。怒りがあったら、何を怖がっている自分がいるのか、その根源に向き合ってみると、怒りも少なくなっていきます。恐怖心を早めに気づければ対策もできます。むしろ、怒りが教えてくれています。

そんな風にとらえていくと、恐怖心からくる怒りも悪いものではないと思えるようになります。

《法則2》怒りを昇華させると恐怖心がクリアになる

《法則3》「失敗の恐怖」の根源を知ると、ガンガン行動できるようになる

失敗の恐怖の根源は、実は、自分の中にあることを知る

新しいことを実行するとき、ワクワク、ドキドキのプラスエネルギーを感じながら、同時にそこには失敗の恐怖も伴います。特に、これまで経験したことがないものについては、夜も眠れないほどの不安に苛まれることもあります。

・新事業を展開して、うまくいかなかったらどうしよう
・莫大な広告費を投入して効果がなかったらどうしよう
・本当に売れるのかな
・誰も来てくれなかったらどうしよう

と、行動もしていないのに、先に結果を心配してしまうこともあります。憂《うれ》い、心配というのは、良くないことと思いながら、つい考えてしまうのは、人間の防衛本能からきています。

小さな会社の場合、恐怖の原因は、主に三つあります。それぞれ対処法と合わせて紹介します。

まず、未知のものへの不安です。経験したことがないから暗闇を歩くくらい怖いことです。怖いことを先に予測してしまいます。昼間歩けば怖くないところも、暗闇ならば、怖いのが当然です。小さく実施してみることや、経験を積ませてもらうこと、経験を積んだことがある方をお迎えすること、経験者から指導を受けることで、不安がかなり軽減できます。

二つ目は、プライドが傷つくことへの不安です。本人も気づかず、無意識のこともあると思いますが、大きな要素です。「失敗した人」として周りの方から見られることは、大変な苦痛です。同業者に顔を出せない、お客様から何か言われるのではないか、など、世間体を気にしてしまうこともあると思います。

しかし、失敗したことがある方は経験があると思いますが、意外に大したことはないことがほとんどです。そもそも、小さな失敗はたくさんあります。そうしたことを重ねていくうちに、慣れていきます。また、他人からどう思われてもよい、この事業をやりたい、絶対に成功させるという気持ちになれます。チャレンジすること自体が素晴らしいことです。

何もせずに、現状維持でとどまっているより、挑戦するのは華々しいことです。

三つ目は、失敗してお金が減ることへの不安です。銀行からお金を借りて、投資することもあると思います。先行投資になり、お金が先に出ていきます。ちゃんと回収ができるか不安になることは、当然のことかもしれません。しかし、プラスの感情で出したお金は必ず返ってくるようになっています。

役に立つお金の使い方を「生き金」と言います。役に立つ事業、感謝できるお金の使い方ができれば、戻ってこないはずがない、と信じ切ることで、このような不安は薄れていきます。成功した経営者は、生き金の感覚を持っています。生き金だ、と信じ切れます。

そもそも、失敗とはということで辞書を調べてみると
「物事をやりそこなうこと。方法や目的を誤って良い結果が得られないこと。しくじること。」とあります。

（出所）小学館「デジタル大辞泉」

逆説的に考えると、キチンとした目的、キチンとした方法で取り組んで、うまくいかなかった場合は、修正をしていけばよいのです。

途中でやめてしまうから、失敗になります。入念な計画、段取り（P：プラン）、プラス

感情での行動（D：行動）を行い、途中経過の確認（C：チェック）、検証と見直し（A：アクション）といった、いわゆるPDCAサイクルを実行する流れがあれば失敗が避けられる可能性が高まります。なぜなら、うまくいく設計に基づいてチェックすると同時に、うまくいかなかったら、やり方を見直しするなど、対策が早く取れるからです。

また、目的や意義について気乗りしないことを無理に進めることは、失敗のもとになります。気持ちよく、意義や意味合いを感じ、やる気が満ち溢れるから思い切った行動ができるのです。

失敗への恐怖心を感じつくし、対策やPDCAが決まっていれば、あとは行動するのみです。迷いなく行動すべきことが、ハッキリすれば、行動も早くなれます。ガンガン行動しましょう。

失敗の恐怖の根源は、実は、自分の中にあります。向き合っていけば、大丈夫！

《法則3》「失敗の恐怖」の根源を知ると、ガンガン行動できるようになる

《法則4》自分軸で尽くしたことは報われる返報性の法則

お客様のために尽くす、という自己犠牲を捨てる

せっかく尽くしてきたのに、あっさりとお客様から切られた。「おたく以外にも業者なんか、いくらでもいるんだよ」と冷たく言われてしまうこともあるでしょう。悲しすぎます。傷つきます。

与えたものは返ってくるはずなのに、返ってこないこともあります。返報性の法則というものがありますが、本当なのか疑いたくなる気持ちもでてきます。

頑張っていれば報われる、誠実にしていればお客様が付く、という昭和世代の方もいます。しかし、残念ながら「軸」が間違っていると、いくら頑張っても報われません。

尽くし方には、似ているようで対極な二種類があります。

相手のために尽くす　↓　自己犠牲精神

相手の立場で尽くす　↓　自分軸の尽くし方

相手のために尽くす自己犠牲の精神は「他人軸」になります。これに対し、相手の立場で尽くすというスタンスは、「自分軸」です。

他人軸というのは、自分は犠牲になって、主体を相手に明け渡してしまっている状態です。本来、自分の意志で、してあげたいこと（愛、喜び）、相手と喜び、感謝を共有して分かち合っていく形で尽くすことが理想です。これができていない不利な状態は、好ましくありません。

子供の頃、昭和世代の親から、相手に尽くしなさい、相手に誠実にありなさい、自分たちは最後で、まずは相手に尽くしなさい、自分に厳しく、相手にやさしく、という教育を受けてきた方も多いと思います。私ももちろんそうでした。しかし、自分に優しくしなさいと教わったことはありませんでした。自己犠牲が善とされていた時代です。

しかし、今は令和時代。自分を大切にして良い時代です。自分軸で相手に尽くすことが、良い周波数を発信します。良い周波数が引き寄せを起こします。喜びは喜びを引き寄せます。感謝は感謝を引き寄せます。自分への愛、他人への愛は、さらなる愛を引き寄せます。

では、自分軸での尽くし方は、どのようにしたら良いのでしょうか。

自己満足で、自分たちのしてあげたいこと、喜びを感じること、役割を感じること、見返りを求めず仕事として貢献をしていくと、引き寄せが起こります。

良い発信ができれば、返報性の法則が働きます。引き寄せる事項としては、良いお客様から愛のある反応があったり、喜びや感謝が返ってきます。役割を再認識できるお客様の反応も返ってきます。

ポジティブ心理学者のフレドリクソンは、ポジティブ感情として、「興味」、「希望」、「愛」、「畏敬」、「鼓舞」、「愉快」、「誇り」、「安らぎ」、「感謝」、「喜び」の10項目を上げています。

このような感情が起点となって、愛・喜びの思いやり、してあげたいことなど、見返りを求めることなく、自己満足できる貢献が自分軸で尽くす形です。自己満足している状態であれば、プラスの周波数が発信されます。そうすると、さらに良いことが起こり、お金の流れもよくなります。

これに対して、自己犠牲の尽くし方では、

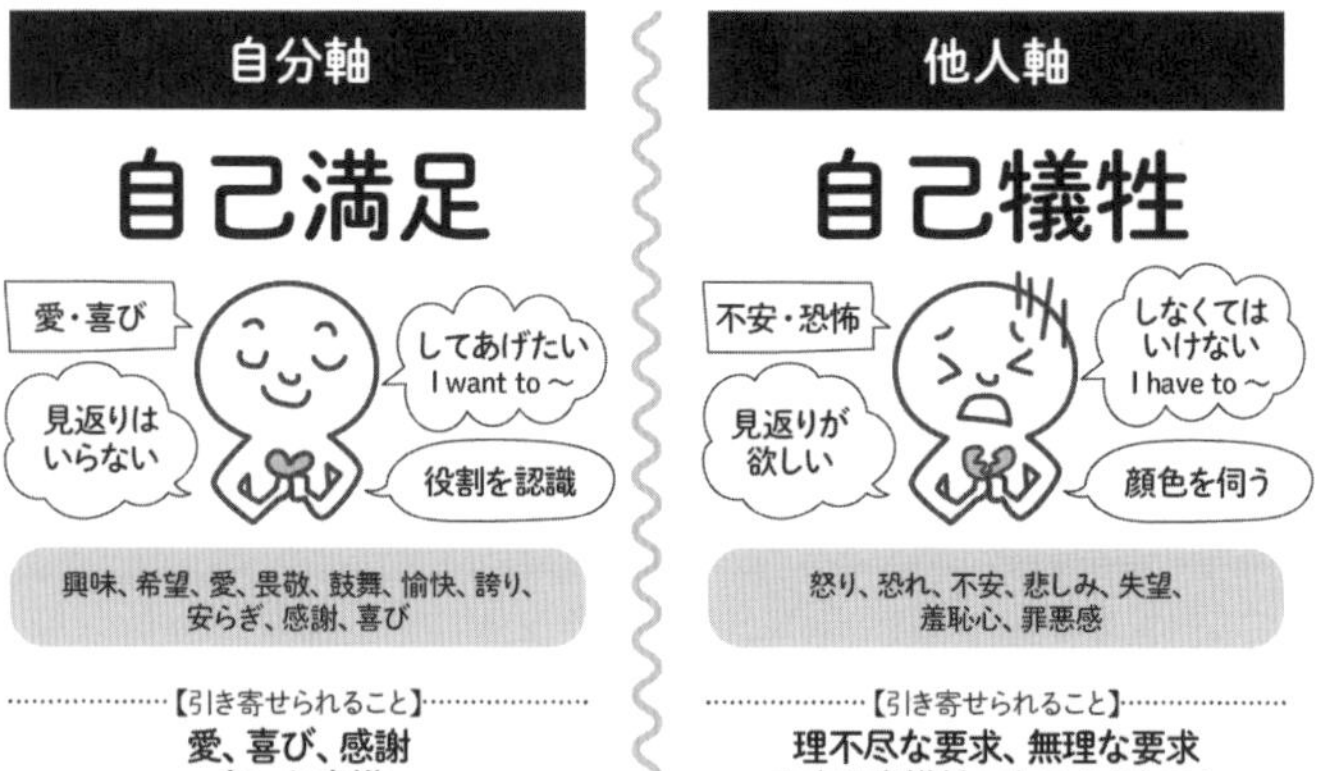

「怒り」、「恐れ」、「不安」、「悲しみ」、「失望」、「羞恥心」、「罪悪感」が根幹の感情となり、顔色をうかがいながら、自らが犠牲となり、しなくてはいけないことを尽くします。

やりたくないことを、やらなくてはいけないからやることはつらいです。仕事だから、と仕方なく、対価という見返りだけを求めて仕事をすることは、エネルギーを消耗してしまいます。自己犠牲精神で尽くしすぎると、だんだん自分が枯れてきます。不思議なことに、ネガティブな周波数を発信すると、クレームや理不尽な要求、起きてほしくない出来事がきてしまいます。

お客様に尽くすという行動が、極端に「貢献」か「犠牲」かのどちらかになります。感情が増幅して、磁石のように現実を引き寄せているならば、いつも良い感情でいたいですね。

貢献と犠牲は、似ているようですが、本質が真逆の意図を持っていますので、意識してみると気づきが得られます。

自分軸で尽くした「貢献」は、良い感情が返ってくる。

他人軸で尽くした「自己犠牲」は、報われない。

自分軸で尽くしたことは報われる返報性の法則

《法則5》心を整えると現実が変わる！　鏡の法則

「清く、正しく、美しく」罪悪感を手放すときれいな現実を引き寄せる

お客様からお金をいただくことに抵抗がある、という女性がいました。清く、正しく、貧しく、という清貧の生き方を無意識で選ばれていました。

「お客様からお金をいただくことに、罪悪感を持ってしまいます」とご本人にも自覚があります。

そもそも、お金をいただくことに罪悪感を持ってしまったら、お金は入ってきません。

罪悪感を持ってしまう理由は、以下の三つがあります。

まず、親からの教育として、子供はお金の話をするべきではない、お金から入るのはよくない、お金は不幸にするなど、悪い教えを受けてしまっている場合です。

次に、お金をいただく意義を理解していないということもあります。お金を払ってくれる方は、仕事をした対価として払ってくださいます。そして、頂いたお金は有効に使われます。従業員への給料、仕入代金、外注した会社さん、水道光熱費、家賃、税金など、お金を次に「送る」必要があるのです。

お金がいくら必要なのかわかっている方は、不思議とお金が入ります。資金繰り表をきちんとつけていると、これが自然とできるようになります。お金を次に送るためには、しっかりとお金をいただかなくてはいけません。もちろん、そのためには、キチンとした商品・サービスを提供して、お金をいただく必要があります。お金をいただくことは、意味深いことなのです。

さらに、お金をいただく罪悪感をもつ理由として、お客様はお金を払いたくないのではないかと感じてしまうことがあります。良いご縁の中で、良いお仕事をしていれば、喜んでお客様はお金を払ってくれています。普段、良いお金をしっかりいただいている方ほど、支払いがキレイで良いお金の循環をしています。そうした方の、お金を払いたいという気持ちを素直に受け止め、ありがたくお金を受け取っていけると、お金が回っていくようになります。

「そんなこと言われたって、私の持っているお金をいただく罪悪感は消えないよ」という方に、5つのご提案があります。

①お金の循環を知り、役に立っていることを知る

カネは天下の回りもの、というように、お金は回っています。お金を預かっているという意識に慣れれば、お金を受け取ることができるようになります。天から預かっているので、役に立つようにお金を循環させていくんだという意識が生き金志向となり、お金も受け取れるようになります。

②自分のビジネスの役割とお金を受け取る意義を考える

もともと自分のビジネスが、役に立っているという前提で考えていけば、お金を受け取ること自体、当然のことになります。役に立っている、喜ばれている、感謝されている。そして、自分たちも良いエネルギーでお仕事ができているからこそ、お金というエネルギーが入ってきているということが言えます。良い周波数に共鳴してお金が集まってきていると感じるようにすると、お金をもっと受け取れるようになります。逆に、お客様の満足の対価と考えてしまうと、満足させなくては、お金を受け取れないという発想になってしまいます。お金は満足の対価ではありません。自分たちが役に立って、良いエネルギーが引き寄せたものがお金です。

③お客様は何に対してお金を払ってくれているのかを感じる

昭和の時代は、物そのものに対価を求め、お金を払っていたかもしれません。今は、令和です。物は一通りそろっています。お客様がお金を払っているのは、体験です。誰から買うか、が重要になっています。つまり、共感できる人から買うようになります。令和は、心の時代であり、誰がどんな思いで商売をしているか、趣旨や背景が問われています。令和時代は価格やメリットだけではなく、喜びの共有、共感が売上を作っているといっても過言ではありません。

④お客様はお金を払うことで真剣になれることを知る

無料のものは、結果として遠回りになることがあります。例えば、ダイエットをするとき、無料体験や無料サンプルなどで試すことがあります。当然、初回は無料ですが、二回目以降は有料になります。無料の範囲でダイエットを成功させることは、一般的には難しいかもしれません。

しかし、有料になると、気持ちが変わってきます。身銭を払っているので、覚悟ができています。お金を払ったからには、しっかりと結果を出したいと気持ちが変わってきます。

つまり、お金を払うことで、真剣度が一線を越えていけるようになります。

無料や低価格での提供は、きっかけを与える目的以外はあまり積極的にするべきではありません。なぜなら、お客様はお金を払うことで真剣になれるからです。真剣になる機会を奪ってはいけないのです。

⑤批判者をかわすイメージトレーニングをする

必ず、何を言っても「高い」と言ってくる方はいます。口癖になっているだけかもしれません。そうした方には応報話法を準備しておきましょう。当日の対処ができるだけでなく、自分のマインドが上がっていきます。

例えば、サービス業のマッサージ屋さんの場合、

(客)「チェーン店では60分3000円でしたが、それに比べて、おたくは高いですね」

(店主)「はい。当店は個室でお客様一人ひとりに全力で私一人が対応していますので、チェーン店さんよりは高くなるかもしれませんね」

(店主の内心)「私だってこれまで、研修を受けたり、本を読んで勉強したり、かなりの時間を費やしてきたんだ。自分の命の時間を費やして、サービスを提供しているので、そこ

を高いとかいう客は、こちらから願い下げだ〜！」

という心の声を持っていてもよいかもしれません。価値のわかる良いお客様に恵まれると、あまり高いと言われなくなってきます。あなたの会社にお願いするには、どうすればいいですか、と言われる企業になれます。そのためには、まず自分が心を整えて、愛、喜び、感謝を感じている世界にいることが大切です。

《法則5》心を整えると現実が変わる！ 鏡の法則

《法則6》不満を感じつくすと、願望を持てる

不満を裏返せば、どうしたいのかが見える。本音の願望を持つ

あなたはどうなりたいですか？ 会社をどうしていきたいですか？ と突然、願望を聞かれたら、答えられますか？

・どのくらいの売上が欲しい？

・地域での地位は？

・お客様に貢献できること？

・従業員は何人くらい？
・従業員の平均給与はどれくらい？
・自分の給料はどのくらい？

などがパッと出てくる方は、普段から目標をお持ちの方でしょう。ほとんどの方は何となくのイメージはあっても、明確な言葉で表現できないのではないでしょうか。

そういうときには、願望の真逆である、不満を感じつくして、不満を起点に願望を考えるのが良い方法です。

例えば、あなたが四畳半のアパート生活をしていて不満を抱えていたと仮定します。ではどうなりたいの？　と考えたとき、せめて２ＬＤＫくらいのアパートに住みたいな〜、という願望が出てきます。このように、まずは不満を感じて、ではどうなりたいの？　と考えると、願望が明確になります。

一般的に不平・不満はよくないものとして扱われますが、不満は、悪いものではありません。不満は、１００％本音です。

無理に美化したもの、誰かに忖度《そんたく》したもの、無理したポジティブ思考に基づく願望は、自分の思いを大切にしていない願望といえます。まず、本音である不満を感じつくしてみましょう。不満を感じつくすと、どうなりたいかが見えてきます。
また、不満の中に自分の価値観が眠っています。
例えば、
・売上が上がらない、お客様は来てくれない
・価格だけを見て、お客様が他社に行ってしまう
・社員が自発的に動いてくれない
・資金繰りが苦しいのに、銀行は杓子定規な対応しかしてくれない
・自分への報告がない
という不平・不満があったとします。どうしましょう。

そうだな～～（不満を逆にすると）
・営業に行かずにお客様から来てもらえる商売にしたい
・毎年、微成長で良いから、売上も伸ばしたい
・社員が、毎日楽しく、イキイキと仕事の喜びを感じてほしい
・銀行から「借りてください」と言われる会社になりたい

・自分に報告が上がってくるように風通しの良い会社にしたい
・頑張った人が認められて、感謝、承認し合う会社にしたい

不満を裏返しただけで、本音の願望ができました。

お〜！　と驚いてしまいますが、不満発の願望は、本音・パワフルです。

不満を悪いものではなく、本音の気持ちとして大切に扱っていくと、本音の願望が出てきますよ。

《法則6》不満を感じつくすと、願望を持てる

《法則7》スネ夫と付き合うと自己受容が深まる

仕方ないとあきらめてしまうのは、どうせわかってもらえないという拗ねる心

マンガの「ドラえもん」に、スネ夫というキャラクターがいます。家がお金持ちで自慢ばかりしているキャラクターです。ときにジャイアンと共謀し、のび太をイジめます。半分悪役ですが優しいときもあります。

スネ夫の名前の説は、①親のスネをかじっているから、スネ夫のお母様の夫がスネてるから、口をとんがらせてスネた表情をするから、など諸説がありますが、ここでは「拗《す》ねる人」という前提でお話をさせていただきます。

拗ねるとは、すなおに人に従わないで、不平がましい態度をとる。（出所：小学館デジタル大辞泉）という態度です。思い通りに行かないことで不平・不満を持ち、フォローしてもらいたい、構ってもらいたいと思いながら、「どうせいいよ、わかってもらえないからいいよ」と、ふてぶてしい態度をとる方、いますね。スネ夫も、よくそういう態度をします。

では、社長が拗ねるのは、どんなときでしょうか？

・取引先に企画や提案が却下されたとき
・従業員が退職したいと言ってきたとき
・せっかく一生懸命やった仕事を否定されたとき
・銀行からお金を借りられなかったとき
・補助金が不採択になったとき

など、ショックなことが多くあると思います。

スネ夫や子供のようにあからさまな態度ではないにしても、拗ねる場面は、たしかにあります。そのように、拗ねる原因はショックを受けた悲しみです。わかってもらえなくて悲しい、あきらめという感情表現の一つが、拗ねるという態度に繋がります。

「どうせわかってもらえない、という悲しみ」

「一生懸命やったのに、認めてもらえない悲しみ」

「世間からは認めてもらえないんだという悲しみ」

「貢献してきたと思ったことが、当然、当たり前のように扱われた悲しみ」

「尽くしたのに、自社のことを雑に扱う方に対する怒り・悲しみ」

こうした気持ちを押し込めて諦めてしまい、「大人なんだから、気にせずにいこう」とする方がほとんどです。

しかし、こうした悲しみも、自分の感情としてしっかり受け止めていく必要があります。悲しいよね、拗ねるのも当然だよ、と自分の味方になってあげてください。最大の理解者は、自分自身なのです。自分が誰よりも自分の味方になり、わかってあげれば、拗ねる気持ちは薄れます。

あなたは、誰よりも頑張っています。誰よりも愛情深い社長です。誰よりも能力が高い社長です。そう自分で思えると、自己受容が高まっていきます。引き寄せる現実が変わってきます。

スネ夫を排除するのではなく、上手にお付き合いしていくと、自分の感情を大切にできるようになります。そして、感情に敏感になれるから、素直な感情を感じることができ、自己受容が高まっていきます。

《法則7》スネ夫と付き合うと自己受容が深まる

《法則8》わかってほしい！を承認すると人が動く
働き方改革を、規約ではなく敬意と労《ねぎら》いをかける仕組みに変える

デール・カーネギーの名著『人を動かす』は日本での累計発行部数は５００万部の大ヒットになりました。私も大好きな本で何度も読み返しています。この本のテーマは文字通り、人がどうやったら動いてくれるかというお話です。

経営者の仕事は、まさに人を動かすことです。自分が動くのではなく人が動く組織を作り、人を動かすことが大切なことは誰もが感じていることです。

しかし、中小企業、小さな会社においては、その通りになることは少なく、従業員が思

い通り動いてくれないという経営者からの嘆きの声を伺います。特に、厚生労働省が「働き方改革」を推進するようになってから、従業員の意識も変わりました。それに伴い、権利思考も強くなることもあり、従業員の意見をすべて聞いていたら、会社が保てなくなるというご意見もあります。

しかし、従業員の感情面をわかってほしい！ という気持ちを理解し、一人ひとりの存在を承認することで、人は動いてくれます。難しい言葉ですが「エンゲージメント」といってもいいでしょう。エンゲージメントとは、会社に対し、忠誠心や愛着、貢献意欲を持って深い関わりで会社と従業員の関係性を築くことです。

そのために最も重要なことは「承認」です。存在、貢献度、感情を認めるという行為によって、従業員が存在意義を発揮でき、エンゲージメントが高まります。

時代が急速に変わり、会社と従業員の関わりに戸惑いを持っている方も多いと思います。

「昭和の右肩上がりの経済では、命令すれば動いてくれた」
「働き方改革で規約をしっかりとする企業が増えた」
「規約で縛ることで心が離れてしまうこともある」

日頃から、さまざまなご意見を伺っています。

厚生労働省の、働きがいのある職場づくりに関する調査報告書「雇用管理制度等と働きやすさ働きがいの関係」によると、働きやすい職場として「自己の役割・貢献・価値を確認できる、正当に評価される」、「自己の成長実感、会社の将来性と自己の将来展望がある」、「会社への帰属意識・連帯感がある」などが挙げられています。

経営者は、今どきの法規制に対応しながらも、従業員が働きやすい「承認」できる会社にしていかなければいけません。それでは、どのように変えていけば良いのでしょうか。

デール・カーネギー『人を動かす』の中から、「貢献、感謝、承認」、「自己重要感を満たす」というキーワードをもとに、以下の三つの従業員側の問題点に対し、私から提案をします。

①働いている従業員が、自分に価値があるということを認識できていない。

→あなたは、価値がある存在だよ、頑張ってきてくれてありがとう、と従業員を承認する。

②頑張ったとき、成果を上げたときには、労いがほしい

価値のある行動をしたときには、具体的に褒める。

→成果が上がっても上がらなくても、途中の行動を見ていて、良かったこと、改善すべき

ことを、前向きにフィードバックする。

前向きなフィードバックや行動を見ていてくれる人がいて、わかってくれる人がいると、頑張れる。

③将来の自分のイメージができない、という従業員の不安を抱えている。

↓この会社にいれば自分も成長できる。明るい未来像を共有する

ビジョン発の経営計画が有効になる。

ビジョンを示し、経営計画を立て、ＰＤＣＡサイクルを構築するということの中に、先人への敬意、今働いてくれている従業員への労いを示す仕組みを組み入れることで、人が大切にされている雰囲気が出てきます。大切にされていると感じると、お金も物も人も動きます。

また、従業員もネガティブな感情を持ちます。社長がたくさん味わってきたネガティブ感情があるからこそ、従業員の気持ちもわかってあげられる存在になります。わかってほしい！　をわかってあげることで、従業員の承認欲求が満たされます。命令や働き方改革の規約で人を動かすのではなく、敬意や労いを示すことで、人が動きます。

《法則8》わかってほしい！　を承認すると人が動く

これまで、ネガティブな感情を感じ、受け入れることで、感情をクリアにする法則をご紹介してきました。世の中にあるプラス感情、ポジティブ思考は、こうしたネガティブな感情を押し込めて、感情に蓋をしてしまい、ポジティブ感情だけ感じようとします。

そうすると、無理に前向きにならなくてはならない。無理に頑張らなくてはならない、と心と身体はバラバラになってしまいます。いわば、ブレーキを踏みながら、アクセルを全開にしている状態です。だからこそ、まずは、心のブレーキを解除してあげる必要がありました。

ネガティブ感情をクリアにしたあとは、お金を引き寄せる法則をご紹介します。

第４章

お金を引き寄せる感性が目覚める法則

第3章の感情をクリアにするために、ネガティブ感情に気づいて受け入れていくという方法は、なかなかつらかったかもしれません。しかし、感情をクリアにできると、良い運気が巡ってきます。あなたの中には、もともとお金を引き寄せる要素が眠っています。いよいよ、この章からは、どうやってお金を引き寄せていけるかという楽しいお話になります。

《法則9》経営者の自意識がお金と人を引き寄せる

自己肯定感が価値を作り、見合ったお金と人が集まる

百貨店には、高級品が多くあります。その百貨店で、「高い！」とクレームを言う方はいないはずです。百貨店はそのように高級品が並んでいるお店だと認識しているからです。また、百貨店側も、お客様の期待に応えるよう、高級なものを、高い自意識で提供しています。

一方、小さな会社になると、お客様から「高い！」と言われることがあり、傷つく出来事でもあります。他社と比較され、相場を見て、これまでの経緯などを勘案して、お客様にとって妥当な価格帯が想定されてしまいます。これは、価格主導権がお客様にあるということになります。価格主導権がお客様にあると、こちらは弱い立場になります。

それでは、価格主導権をこちらに持ってくるためにはどうすればいいでしょうか。まずは、経営者の自意識を高め、良いものを提供しているという自負を持ちましょう。高く買ってもらってもよいのではと思えるならば、高い価格を強気に設定してみましょう。

不思議なことに、高い価格を設定していると、覚悟を感じます。百貨店でネクタイを買うと、普通に売っているものより高価格帯が多くなります。当然です。高い商品には、ブランドの名前、教育、信用、それなりに自負があるからです。この商品は、この百貨店の方が、吟味して仕入れてくれたのだろうな、間違いない商品なんだろうな、と思うから、同じようなものでも高く売れます。お客様に受け入れられたとき、高くてもお客様は買ってくれます。むしろ、高いことで安心感すら漂います。

百貨店だからできるんだよ！　と思うかもしれませんが、覚悟が決まった小さな会社でも、展開は可能です。

私の知人に、八百屋さんがいます。特に、果物が大好きで、珍しい商品を仕入れるのが楽しくて、遠くの農家さんに直談判して仕入させてもらうそうです。そして、そうした果物を、これは、誰が食べても美味しい！　こんな美味しいものは初めて食べた！　と言われるのが嬉しくて仕方がないそうです。

そんな八百屋さんが青森から極上のりんごを仕入れました。甘いだけでなく、シャキシャキ感が半端なく、美味しいりんごです。いくらで売ろうか悩んで最初、3個300円くらいで売ってみました。普通の値段なので、価値が伝わらず売れません。そこで、打ち出し方を変えて、商品の特徴や希少性を前面に出して、愛情たっぷりのPOPを作って、3個1500円で売り出しました。結果は、すぐに完売になりました。自信のある商品は、愛情を表現して、高価格で売った方が売れる。しかも、その方がお客様も喜んでくれるということを知りました。八百屋さんも、高い価格を設定するからには、中途半端なものは提供できないので、良いものを提供しようと覚悟が決まります。後日談として、お客様から、あのりんご、今まで食べたことがない美味しさで感激したというお声をいただき、良い物を提供するということが快感で、この方向で進もうと決めたそうです。

中小企業は、自分たちの商品・サービスに「誇り」をもって、高くても、欲しいといわれるような売り方にすべきです。誇りというと大げさかもしれませんが、「自分たちは良い物を提供している」という自己肯定感が、価値を作ります。そして、価値が明確になると、それに見合ったお金と人が集まります。

なぜ、それができないのでしょうか。昭和の時代は「安くて良いもの」を売るのがよいとされてきました。それは、確かに間違ってはいません。しかし、昭和、平成と競争が激化してきました。物は溢れています。さらに、近年では、顧客は「検索」でものを選び、選択の自由をもつようになりました。もう、普通の物は売れない時代になっています。選ばれるためには、経営者（その会社）の「価値観」に共感するかが大切な要素となります。だから、経営者は自分の価値観に向き合い、自社が喜びを表現できる誇りある商品を発信していくべきなのです。

高くしたら売れないのでは、という恐怖心があるかもしれません。しかし、高価格帯で勝負をしなければ、低価格でたくさんの量を販売することになります。そうすると、「暇なし貧乏」の道を選ぶことにもなります。まずは、先ほどの八百屋さんのように、一部のものを高価格にしていくことからスタートすることをお勧めします。

高価格で販売するメリットを以下に整理します。

①自己肯定感が高いことで、自信を持って、高価格帯を提示できる。その自信がお客様に伝わる。

②高価格帯で提供することで、余裕が出て、お客様にじっくり関われるようになる

③高価格帯を提示することで、自分たちの商品・サービスを価格に見合った内容にしていこうという成長意欲ができる。

④高価格帯を提示する理由として、なんのため、というミッションやビジョンなど役割を感じることにつながり、意識が高まる。

⑤意識の高い人が集まり、意識の高い顧客がますます引き寄せられる。

たしかに低価格帯に行くことはできます。しかし、この「逃げ」は成長意欲を阻害し、「忙しいのに利益が残らない」「安売りすることで、お客様主導、使いっぱしりになる」など、会社の自意識を下げることにつながります。

中小企業は、誇りと尊厳をもって自意識を高くもつべきです。

誇りと尊厳の自意識が、覚悟ある価格帯になります。その価格には、愛と喜びが注入されています。そうした価格帯の覚悟は、お客様に伝わります。愛・喜びが共感に繋がり、お金を引き寄せます。そのお金は感謝とともに循環していくことになり、経営もよくなっていきます。

《法則9》経営者の自意識がお金と人を引き寄せる

《法則10》曖昧な喜びがお金の雪だるまを作る

正論は人を傷つける、曖昧な喜びがお金の導火線になる

私は、クライアント企業の経営会議や役員会に出る機会も多くあります。こうした会議では、何が良くて、何が悪かったのか、という議論がされますが、「責め心」で、正論を言う方がいます。正論は、誰も否定できません。そして、人を責め、傷つけることもあります。正論で動くことは正しいことではありますが、感情が伴いません。感情が伴わない行動は人のご縁も広がりません。

一方、なんだかわからないけれど、嬉しい、楽しい、喜びを感じる、ということの方がお金に変わります。お金とはエネルギーです。波動という方もいます。同じ周波数のエネルギーが引き合います。お金が生きているという仮定をして、お金さんと呼ぶことにしましょう。お金さんだって、楽しい人に集まります。眉間にしわを寄せて、しかめっ面をして、正論を振りかざし、人を責めたり、傷つけたりしている人にお金さんは行きたいと思わないはずです。

正論で責めてくる方のエネルギーのもとは、悲しみです。俺は、こんなにやってきた。先

輩から押し付けられてきた。悲しかったけれど、俺はやってきた、だから、あなたたちもそうしなさい、という押しつけがましい気持ちが潜んでいます。

一方、なんだかよくわからないけれど楽しいよね、という曖昧な喜びを持った方は、喜び、楽しみ、ワクワク感に溢れています。楽しい方に人も、お金さんも寄ってきます。

例えば、居酒屋さんがあったと仮定します。A店は、責め心満載の店長のお店です。あいさつもきっちりしていますが、店員さんは、怒られないように萎縮しています。マニュアルをそのまま実行するので間違いはないけれど、声は大きいけれど、心がこもっていない挨拶で、棒読みのような、どこか冷たい対応です。雰囲気もガチガチになっていて、素材もこだわっているけれど、クレームが起こらないよう細心の注意を払っています。どこか、緊張感が漂ったお店です。正しさの追求をした結果です。さらに、アンケートで、従業員の接客態度や失礼がなかったかなど、お客様に従業員を裁かせることもあります。

一方、喜び全開の店長のB店は、失敗してもOKだよ、マニュアルは特に作っていないけれどお客様には親切に、というポリシーが定着化しています。お客様がオーダーしたいときには、最高の笑顔で目を配ります。返事は明るく爽やかで、何よりもお客様にしっかり向いてくれています。温かさ、親切、自分たちの美味しい料理をお勧めして、楽しさが伝わってきます。決まった定番メニューのほか、気分で新メニューを作ります。メニュー表や食品表示などありませんが、そうしたことにクレームをつける人などいるはずがないと感じています。従業員も店主も、お客様と友達になります。3回も通えば、一生涯の友達のように歓迎してくれます。店主も従業員も、お客様と関わるのが楽しいのです。喜んでくれる顔をイメージしながら、新メニューも作ります。お客様を驚かせてあげようと、超大盛メニューなども作って、楽しんでいます。仕事をしていて、こんなに楽しんで良いのだろうかと思うときがありますが、好きな料理を作り、喜んでくれるお客様がいる、生きがいをもって働いてくれる従業員がいる、というありがたいことだらけの居酒屋さんが発展しないはずはありません。

お金は、このように楽しいところ、人が集まるところ、感謝の気持ちなど綺麗な感情が大好きです。新型コロナウイルス感染症の影響があっても、あまり売上を落としていない飲食店さんは、B店のようなお店が多かったのです。お金はエネルギーの結晶、楽しい人、喜びに人もお金も寄ってきます。そして、雪だるまのように増幅していきます。

あなたの喜びはなんですか。正論で考えたことではなく、楽しいこと、嬉しいこと、ワクワクすること、なんとなく曖昧な喜びがお金を引き寄せます。むしろ、明確でない、なんとなく曖昧なものの方が、力が抜けて、自然体で喜びを感じらます。

《法則10》曖昧な喜びがお金の雪だるまを作る

《法則11》誰と繋がるかが大切、中小企業経営も類友の法則

心地良い人はあなたと同じ感情の人、感情を分かち合えると商売につながる

なんとなく一緒にいて居心地がいい人がいますね。自分と似たような方や話が合う方が、お付き合いしやすいのは当然のことです。これは、「類友の法則」と呼ばれ、磁石のように引き合います。

しかし、10年たっても、20年たっても同じ人、同じ会社とお付き合いをしていれば、会社は衰退していきます。中小企業白書の中で「開業年次別事業所の経過年数別生存率」を見ると、会社（個人事業所と法人を合わせた事業所）の生存率は5年で、41・8％だそうです。10年目では26・1％です。つまり、創業して10年経過すると、4社のうち1社しか残れないという衝撃のデータです。

このデータからわかることは、普通に、無難に、いつもと同じように商売をやっていたら、生き残れないということです。踏み込んで言うと、10年同じ商品、10年同じ会社と付き合っていたら、衰退するということです。新しい会社、新しい人脈、新しい商品など、変えていかなければいけないということは、頭では理解できていることだと思います。

当然、新しい人脈ともお付き合いしていく必要があります。自分より、ワンランク上の方にかわいがっていただくことが理想です。なぜなら、そうした方々は、引き上げてくれるからです。そうした方と出会うにはどうしたらよいのでしょうか。そうした方々が集まる場に、積極的に出向くことが第一歩です。

そこで、何を感じているのか、自分の感情と向き合います。最初は慣れない場であるかもしれません。

豊かさ、仕事に対するストイックさ、細かな心配り、リズム、モノを大切にするしぐさ、清潔感ある身なり、高級感のある持ち物など、自分よりも高いレベルを実践している方のオーラを味わいます。味わっていると、だんだんと慣れてきます。慣れてくれば、自分のものにしていけるようになります。

そうすると、不思議なことに、自分たちよりワンランク上の方々と、同じ周波数を発することができるようになります。類友の法則を作り出すことができます。

自らそうした雰囲気を醸し出せるようになると、不思議なことに、お仕事の問い合わせや相談が入ります。レベルの高い方からのお仕事で緊張感があるかもしれませんが、成長の機会です。チャレンジしていくことで成長が待っています。

これからの経営戦略は、誰と付き合うかが大切になってきます。少し背伸びするくらいのお客様とお付き合いすることで、成長が見出せるようになります。類友の法則を発信するためには、まず、自分が成長した世界を体験し、雰囲気を味わうことが大切です。

《法則11》誰と繋がるかが大切、中小企業経営も類友の法則

《法則12》嫌われる勇気を持つとファンが増える

全員に好かれるための「普通、無難」は売れない。あなたの感性がファンを作る

嫌われるのは怖いですか？　地方では、一人から嫌われたり、不義理をしたり、悪い噂になるようなことをすると、村八分にされることもあります。怖いですよね。しかし、嫌われるのが怖いから、無難に合わせておく、長いものに巻かれるという発想をしているう

ちは、普通の商売、普通の人、いい人で終わってしまいます。地方の中小企業では、地元で嫌われることを極端に嫌うことが多く、成長を妨げる大きな要因だと思っています。

そもそも１００％意見が合う人などいません。好き、嫌いを主張したとき、意見が食い違うことが当然と考えるべきです。

そうであれば、自分の主張、好き、嫌いを、はっきりさせて、好きと言ってくれる人を増やした方がよいわけです。ファンを獲得できる人は、主義・主張がはっきりしています。

例えば、お医者さんの世界ではお客様の口コミも良く、キレイな建物、空間、説明が丁寧で、接客レベルが高いところが好まれているようです。しかし、一方でお医者さんの個性がハッキリしている場合があり、口コミが二分していることがよくあります。ネット上でひどい口コミが書かれているけれど、お医者さんとしての能力は高いという方も多くいらっしゃいます。他では見つけられない病気を発見できたり、他では扱っていない治療法を独自に実施していたりすることも多く、あまりインターネット上で公になることを好まない先生もいらっしゃいます。むしろ、良い先生ほど、口伝えで伝わることが多く、わかってくれる方だけが来てくれればよいというスタンスの方も多いように感じられます。

また、ラーメン屋さんもこの傾向が顕著で、頑固おやじのラーメン屋さんは、俺流のラーメン、お客様の要求は聞かないなど、過度にお客様の意見を聞かない、というお店も繁盛しています。俺のやり方、俺の自己満足を追求し、嫌われてもよい、わかってくれる人だけがわかってくれればよいというスタンスがハッキリしています。

嫌われてもよいと思うと、不思議なことに覚悟が決まります。自己満足が追求できます。自分のことをわかってくれる方に全力をつくそうと思えるようになります。無理した愛想笑いや忖度、無理に顧客に合わせようとしなくてもいいので、集中できます。結果、お客様からも満足度が高まります。

一方、注意点もあります。嫌われてもよいと言っても、できるだけ嫌われることは避けたいですね。だから、「うちはこういうお店、会社です」とはっきりと発信しておくことが大切です。最初からわかっていると、お客様も納得してくれます。情報を発信しておくと、イヤな方は敬遠してくれるので、理解のあるお客様だけが来てくれます。

イタリアの経済学者ヴィルフレド・パレートの研究では、「262の法則」を公表しています。この法則によれば、あなたに対して、好意的な人が2割、どちらでもない人が6割、好意的ではない人2割という割合になります。もちろん、個人差はありますが、どんなに好かれようとしても好意的でない人は、一定数いるということになります。だったら、割り切ってしまって、好意的にしてくださる方にエネルギーを注いだ方が、自分も相手も幸せです。

感情表現をハッキリさせて、個性全開の主義主張をしていきましょう。どんなに好かれようとしても、嫌われるときは嫌われます。むしろ、嫌われる勇気が、ファンを作ります。

《法則12》嫌われる勇気をもつとファンが増える

《法則13》お客様は神様じゃない!!　客を選ぶと利益が増える

イヤな客には関わらない、逃げる、感情を分かちえる人を選んでいく

売上比率が高いお客様が、もしもイヤなお客様だったらつらいですね。担当者が横暴だったりすると、胃が痛い毎日になります。

・今、すぐ対応してもらいたい
・テキトーにやっておいて、任せるから
・もっと安くならないのか
・とにかく、うちの言うことを聞きなさい

・言うことを聞けないなら、「おたく以外にも代わりはいくらでもいるんだぞ」

小さな会社を取り巻く環境では、よく聞く話です。言い方こそ上品であっても、言われていることは、主人と奴隷の関係では、厳しいですね。

お客様にヘコヘコ頭を下げ、言いなりになったり、主人と奴隷になる関係はよくありません。自分がイヤだなと思う人とは付き合わない方がよいのです。

お客様とは、対等な立場のはずです。これをキレイごとと思うか、それとも、こちらにもお客様を選ぶ権利はあると思うかで、中小企業の将来が決まってきます。お客様は、選んでよいのです。むしろ、積極的に選んでいきましょう。経営がよくなります。

どうやって、イヤなお客様と決別すれば良いのでしょうか。まずは、できるだけ行かないようにする、ということが現実的な行動です。依頼が来ても要望に応えられないということを繰り返せば、だんだんと依頼も少なくなってきます。今は、言い訳もたくさんあります。

・コロナで……

・従業員が少なくて……

・テレワーク中のため……

・原材料が高騰していて……

など、言い訳をしながら、だんだんと距離をとっていくことで、イヤなお客様と疎遠になれます。

一方、イヤなお客様に感謝しなさいというような考え方もあります。ただ、本当にイヤな人・会社にプラスの感情を向けることは、なかなかできることではありません。でも、イヤだ、傷ついた、悲しい感情を味わったというネガティブな気持ちに向き合うきっかけをくれたことには、感謝できます。

イヤなことを味わせてくれてありがとう。おかげでおたくのような人・会社がイヤなことがわかった。おかげさまで、お付き合いしたい顧客層がわかった、と言うように、ネガティブな感情を肯定する。これはとても大事なことです。こうした気持ちに気づくと、堂々と、そのイヤな会社から卒業できます。

さらに、どうしても今すぐ、決別したいときには、事業縮小、不採算分野からの撤退など理由を作り、文書を作成し、取引先に取引終了の挨拶に行きます。もしも、「おたく以外にも代わりはいくらでもいるんだぞ」などひどいことを言われているのであれば、独占禁止法で禁止されている「優越的地位の濫用」にあたる可能性もありますので、なお、強気に言ってもいいかもしれません。

イヤなお客様とのご縁が切れたら、新しい取引先を開拓していく必要があります。普段から多くの経営者と会える環境に身を置いたり、今の取引先に紹介を依頼したり、良い客層を定義して、どうやったらそうしたお客様に出会えるのか、アンテナを立てておく必要があります。時間がかかっても、イヤなお客様を疎遠にして、良いお客様とご縁を深めて行くことで、理想的なお客様が増えていきます。むしろ、イヤなお客様と決別することで、良いお客様が増えていきます。良いお客様は取引自体も楽しくなりますので、売上も、無理な値下げもないことが多いので、利益も適正にいただけるようになります。

今は令和、お客様を選んでいく時代です。

《法則13》お客様は神様じゃない‼ 客を選ぶと利益が増える

《法則14》素直な感情を伝えると応援者が増える

良いミッション・ビジョンは、感情全開で表現されている

理念、ビジョン、ミッションなどは高尚に人格を表現するといわれています。理念は、会社を立ち上げたときに作る方が多いですが、会社の基本的な考え方を示す哲学です。基本的な考え方ですので、普遍的であり、高尚なものが多いです。

それに対し、ミッションとは、日本語で言うと使命、命の使い方になります。何のためにその事業を行うのか、という本音での命の使い方を表現できるようになると、会社の従業員の気持ちも高まります。そして、お客様から共感を得られて、応援を受けやすくなります。

ビジョンとは「あるべき姿」です。どうなりたいのか、という理想像です。こうありたいという願望です。役に立ち、幸せになる、お役目を感じる世界に向かっているという熱い気持ちが人々を動かします。

社会の役に立つためには、自分たちに何ができるか、経験と世の中の課題認識がビジョン・ミッションを作ります。

しかし、表面的に良いこと、美化した言葉を無難に並べても、その方の個性が合っていなければ、違和感を作るだけです。

そうであれば、本当に感じている感情を全開にして、本音で発信したらいかがでしょうか。

ミッションやビジョンを考えるときの要素をご紹介します。
正直な感情を発信して、共感した人が応援してくれます。

《法則14》素直な感情を伝えると応援者が増える

《法則15》苦境から抜け出すたったひとつの法則

今の温かい感情を味わうとすべてが変わる。親、家族、お客様、仲間への愛と感謝
～欠乏意識から満たされている意識への変革

私は20代の頃、商売はつらいなと感じていました。お客様のところに行くのが怖かったし、値切られる、仕事が他社に流れる、仕事が切れるという恐怖感でいっぱいでした。また赤字も年々増え、逆に借金はどんどん増え、「今回が最後ですよ」と言われて借りたときは、悲しさと緊張からくる変な汗が流れました。今でも忘れられない感覚です。

なぜ自分だけが……。誰もわかってくれない、能力も運も自分には何もないという思いを持っていました。20代の楽しい時期のはずなのに、一日3時間以上勉強し続けても試験に受からない。同世代と同じように飲みに行ったり、合コンに行ったりもできない。仕事、

勉強、プレッシャーに追われる毎日でした。まさに、悲劇のヒーローを自分で演じていたように思います。

しかし、今考えると、自分で「不幸」「不運」「うまくいかない人生」を引き寄せていました。

・自分には実力がないから、もっと勉強しなくてはいけない
・自分がもっと頑張らないとお客様はお金を払ってくれない
・自分がもっと頑張らないと親兄弟も認めてくれない
・大学を中退した私は、もっと頑張らないと四大卒の人間に負けてしまう
・資格があれば、自分に価値ができる。今は何もない

本気でそう思っていました。コンプレックスというより、度を越えた欠乏意識の塊です。欠乏意識には、欠乏の現実が引き寄せられます。

一方、「今、ある」という豊かさの意識には、豊かさの現実が引き寄せられます。このことに気がついたのは、ずっと後になってからでした。本などでも何度も目にしているはずなのに、経験しないとわからなかったのです。知識ではなく、感覚として理解できるようになると、豊かさが引き寄せられます。

身近なところで言うと、親、家族、お客様、仲間に対し、ありがたいと思えることを感

じていくと、「ある」ということに気がつけます。

産んでくれた親がいてくれること、気にかけてくれること、元気でいてくれること、家族が支えてくれること、こんな面倒な自分と関わってくれること、ごはんを作ってくれること、当たり前のようなことは、当たり前ではありません。空気を吸えることは、他の惑星の方から見たら奇跡です。毎日、ごはんが食べることができる、生活ができる。取引先に恵まれている。仲間がいてくれる。ありがたいことだらけです。会社においても、家族・親戚、従業員、取引先、仕入先、協力会社、銀行、加盟団体の人脈、友人・知人など事業に関わっている人がいてくれています。ものを作る機械、車、土地・建物、エアコンなどモノもあります。現金・預金、売掛金、借入ができていることなどカネも残っています。技術、マニュアル、売り方、作り方、研究開発など情報やノウハウを持っています。会社が継続できていることは、「ある」という状態です。

当たり前のことに対して、「ある」という感覚を持てるようになってから、無駄に頑張らなくても良いと思えるようになりました。もうすでに恵まれている、ということを感じると、豊かさの波動が降り注ぐようになるそうです。ありがたいと思えると不思議なことに愛も芽生えてきます。

ありがたいとは、あることが難しいこと、と書きます。当たり前ではなく、とても貴重なことなのです。

今、「ある」ことを感じる。今、すでにある温かい感謝の気持ちを味わう。

今、味わっている感情が、新たな感情と現実を増幅させていきます。

《法則15》苦境から抜け出すたったひとつの法則——
今の温かい感情を味わうとすべてが変わる

この章では、あなたの中に眠っているお金を引き寄せる感性を目覚めさせる法則をご紹介しました。ここまでお読みいただいたあなたはお気づきかと思いますが、今、感じている感情が周波数となり増幅して、お金のエネルギーで返ってきます。自己肯定感、愛、喜び、感謝、良いご縁がお金を引き寄せます。何をやってもうまくいくときは、良い感情に満たされています。逆に何をやってもうまくいかないときは、恐怖心、不安、罪悪感、嫉妬心、怒り、悲しみをクリアにできていないときです。心をクリアにして、良い感情を持ち続けていくと、お金とご縁が増えていきます。

次の章では、さらに、お金とご縁を広げて、成長軌道に乗っていく法則をご紹介します。

Q1 今、世の中をどう思っているか？（良いこと、悪いこと）

Q2 世の中の課題をどうとらえているか？（みんなが悩んでいること）

Q3 それに対し、どう役に立ちたいと思っているか？

Q4 やりたいこと

Q5 やりたくないこと

Q6 好きなこと

Q7 過去に嫌だったこと、理不尽な経験

親、家族、お客様、仲間への感謝、今あるもの
※有難い、あるのが難しいこと、大切なんだ、と感じること

第５章

成長軌道に乗っていく法則

心がクリアになり、あなたの中にあるお金と人脈の原点が見つかりました。そうすると、次元が変わってきます。少しずつ良い方向に変わっていきます。良い流れにもっと乗っていくため、成長軌道に乗っていく法則をご紹介します。

《法則16》原点を思い出すとやる気が出る

誇りと尊厳を思い出す

お客様からひどい扱いを受けたとき、傷つきます。自分たちの商売は役に立っていないのか、誰でもよい仕事なのか、子供に誇れる仕事ではないのか、というように感じてしまい、悲しい気持ちになります。誇りと尊厳は、打ち砕かれるわけです。どんな職業でも、どんな人でも、もともと人間の本能で、人の役に立ちたいという気持ちが備わっています。そうした気持ちを踏みにじられるのは、悲しいことです。

誇りとは、自分が仕事をして役に立っているという自負です。プライドという言葉でもありますが、堂々と誇れるような仕事をしています、という姿勢です。お客様から、クレームがあっても、私たちはこういう気持ちで仕事をしています、と言い返せるような気概が誇りを生みます。

例えば、無農薬栽培をしている農家さんに対して、「野菜に虫が入っていた」とクレームがあったとき、どんな対応をするでしょうか。無農薬というのは、文字通り、農薬を使っていません。だから、虫がつくのは当然です。

農家さんの立場に立つと、「私たちは、無農薬で野菜を作っているので、自然の原理に従い虫がつくこともありますよ」と言いたくなると思います。「虫がつくくらいの美味しい野菜なのです。その価値がわからない方は、買わなくて結構です。返金します」と言えるような気概を持った、誇り高い商売ができるといいですね。直接は言わなくても、それくらいの気持ちで、自分たちの提供しているものは「良い」、「役に立つもの」なんだと自信を持っていくことがそうした気持ちを生みます。

また、尊厳とは、何でしょうか。文字の通り、人間として尊い存在であること、大切にされるべき存在を、厳かに扱うという意味です。つまり、雑に扱われたり、奴隷のようにされたりすることなく、大切な存在として扱うということです。

例えば、発注者と業者の関係のような上下関係ではなく、対等な立場でお互いを大切な存在として関わるということです。また、無断キャンセルや相手都合で振り回されることなく、大切な人間としての関係を保つということもあります。

自社の存在感は、「大切な存在」として守られるべきものです。

誇りがあるから自信を持って価格を提示できます。尊厳があるから、自分も相手も、対等に大切にできます。結果としてお互いを大切に尊重し合い、高い金額でも自信を持って良いものを提供できる関係になれます。

ペンシルバニア大学のマーティン・セリグマン教授が提唱した「ポジティブ心理学」では、「自分の存在や役割、仕事や生きることに対して前向きな感情を持っている人ほど、幸福度が高いとされています。例えば仕事に対

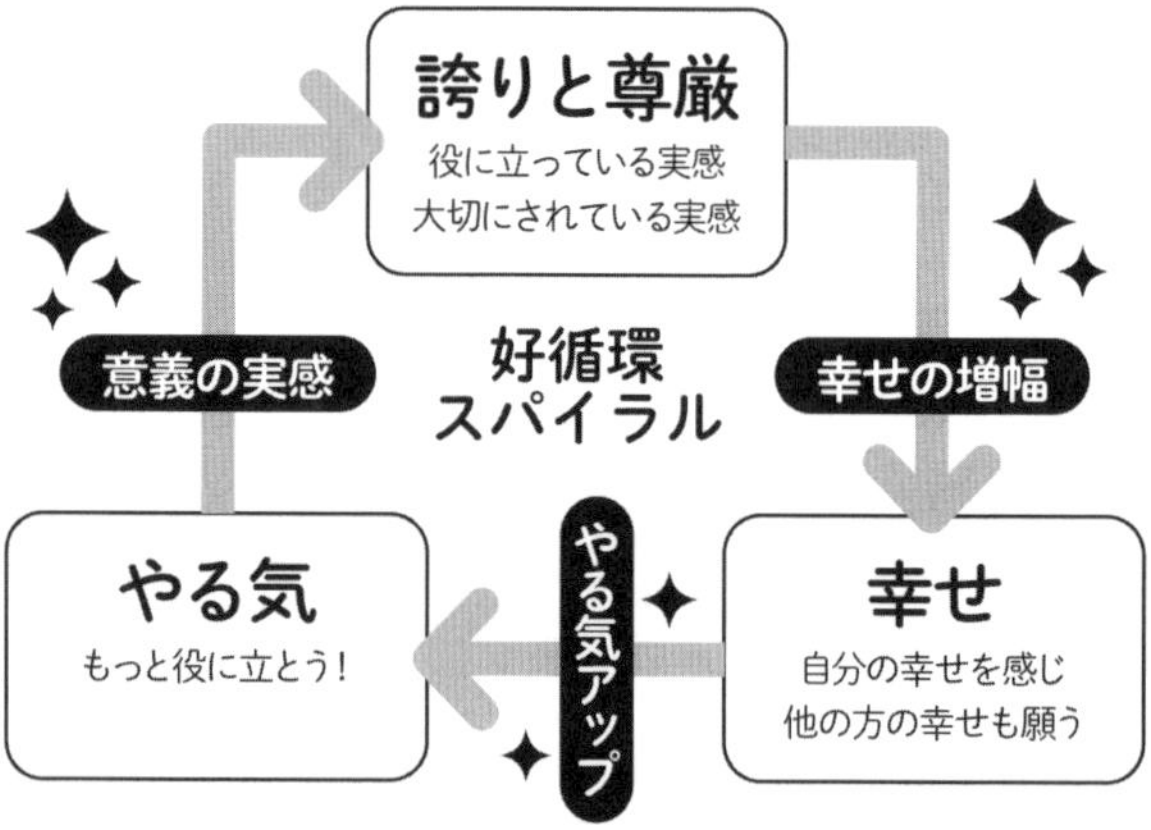

――して大きなことのために貢献しているという感覚を持てば、自発的にモチベーションをもって仕事に取り組めます」と紹介されています。

誇りと尊厳をもって、自信をもって仕事ができるようになると、幸せを感じます。幸せを感じるとやる気に満ちてきます。自分が幸せだから、他の方の幸せを考えられるようになります。すべてが好循環に入ります。

漫画『キン肉マン』のキャラクターで、テリーマンのキャッチコピーは、「誇りと尊厳を賭けて」です。意義を持って戦っている姿があるからこそ、カッコいいのです。

そもそもはじめようと思った原点から、誇りを持ちましょう。尊厳を意識しましょう。

《法則16》原点を思い出すとやる気が出る

《法則17》三つの感情の経営戦略が成功する

愛・感謝・喜びが、自分軸の経営戦略の土台になる

経営戦略とは、誰に（お客様）、何を（商品・サービス）、どのように（強み、特徴など）、

という方向性を明確にして、競争を避けていく方針を打ち出していきましょうという考え方です。基本的には、外部環境（世の中）と内部環境（自社）を徹底分析して、方向性を出していきます。直感だけではなく分析です。

その際、外部、つまり世の中にフィットするという考え方が一般的です。しかし、世の中に対応するというのは、大手などの強い会社とまともに戦うことになるため、スピード感やニッチ分野を攻めるなど相当な努力が必要となります。

一方、自社主導で行ける場合には、自分たちのやりたいことを前面に出していけるので、ストレスは少なくなります。自社主導の自分軸で、提供したいこと、喜んでもらいたいこと、楽しいこと、を追求していくのがポイントになります。

それでは、実際に、自分たちのやりたいこと、自分軸で経営戦略を展開しようとする場合、どのようなステップで行うのでしょうか。

（ステップ1）理念、ビジョン、戦略を立てる

固い言葉ですが、何のために仕事をしていて、お客様、世の中にどう役に立てるか、自分たちがどうなりたいかを徹底的に考え、形にします。まず、経営理念、社是、ミッショ

ン、フィロソフィーなど言葉は様々ですが、会社の考え方を明確に外に発信することがまず大切です。また、ビジョンを示し、どうなりたいのか、明るい理想像を合わせて示します。それらをもとに、戦略は、だれに、何を、どのように、という大まかな方向性を示します。やるべきこと、やらないことをハッキリとさせることで、自分たちの存在感が際立ってきます。

（ステップ2）従業員に働く意義、楽しみを伝える、教育・啓蒙

理念、ビジョン、戦略をもとに、自分たちが何をしたいのか、どうなりたいのか、世の中にどう役に立つのかを従業員にも発信します。本音でなければ、見抜かれます。社長の本心を従業員に伝え、「役に立つ」、「まずは、自分たちが潤って楽しむ」、「楽しむからお客様にも良い商品・サービスが提供できる」ということを教育・啓蒙をします。

（ステップ3）お客様との体験、価値を作る

働く意義や楽しみを理解した従業員がお客様と接するとき、愛に溢れたサービスに変わります。お客様は、愛で寄り添ってもらえている安心感に包まれます。新しい経験が価値

を生みます。経験価値が満足につながり、感動に変わります。感動の対価をお金で払います。お客様が感激して、お金を払うことに感謝を感じていただけることが理想です。

会社が従業員に「愛」を伝え、従業員に「愛」が広がり、働く意義が浸透したとき、「喜び」が生まれます。この「喜び」がお客様に伝わり、お客様から、「感謝」が返ってくるという愛と感謝のトライアングルが出来上がります。

愛、喜び、感謝がそろうと、魂の入った経営戦略が機能していきます。

《法則17》三つの感情の経営戦略が成功する

《法則18》手作りチラシで愛と喜びを表現すると、新規顧客が増える

愛ある趣旨と関係者の喜びが引き寄せを起こす

チラシという手法が昔からあります。印刷会社に依頼するとかっこいいチラシはできます。しかし、実物ではないイメージ写真が入ると、違和感が出ます。また、写真も少なくなると、何を伝えたいのかがわからず、結局、価格訴求のものになることもあります。何

を伝えたいのかがとても重要になります。

チラシというツールは紙で表現できます。不思議なことにデジタルで見る情報よりも紙で見た方が心に伝わります。また、じっくり見ることができます。チラシは手で配ることもできますし、説明しながら配布することもできます。

しかし、文言だけの一般的なチラシだったら心を打ちません。

チラシは、愛と喜びを表現するツールです。商品やサービスに関する愛がお客様には魅力に映ります。喜びが表現されていると、なぜかこの人にお願いしたいという雰囲気になります。

例えば、お惣菜屋さんならば、美味しいのは当然で、そこにかかる気持ちや個人のキャラクター、好きなこと、楽しいことが表現されていると魅力的に感じます。

気持ちを伝えると、気持ちが届きます。どんな愛があるのか整理していきましょう。

マーケティング的な特徴は、自社目線が多くなりがちです。そこを一歩、踏み込んで、どんな愛があるのか、自分軸の感情を正直に表現できたとき、心意気が伝わります。

どんなお客様に対して、何を提供し、どうなるのか、という内容が伝わると、チラシは爆発的な効果を発揮します。チラシは過去のツールではありません。愛情チラシは、むしろこれからのツールです。本物感、本当に思っている愛、自分たちの喜びが価値になりま

項　目	内容例
商品の特徴にかかる愛情	こだわり、オリジナル、技法など思いやり
	使いやすさ、選びやすさなど心配り
	他社ではできないこと、していないこと
お客様の不安に応える愛情	場所、駐車場の場所、入りやすさ
	商品の安全性、信頼性
	選べる、好みでアレンジできる
	Q&Aなどお客様目線の情報提供
	有名人の推薦、証拠、過去の実績
	社長顔写真・メッセージ、お客様の声
	保証、協会加盟、有資格者などの存在
店主の思い、喜び	なぜビジネスをするのか、お客様への思い
	何をしたいのか、どうなりたいのか、何が嬉しいのか
	社長メッセージ
	ストーリー （創業秘話、開発秘話、乗り越えた話、お客様エピソードなど）
情報を受ける方への配慮	文字の大きさ、わかりやすさ、適度な情報量、見る時間、曜日等

● 例

す。感情全開で愛と喜びを語る会社は、新規顧客の引き寄せを引き起こします。

《法則18》手作りチラシで愛と喜びを表現すると、新規顧客が増える

《法則19》感情全開の会社案内とプロフィールが熱烈なファンを作る

共感した人は値切らない、あなたから買いたいと引き寄せられる

チラシと同様に、小さな会社に必ず作っていただきたいツールが、会社案内とプロフィールシートです。会社案内は、どんな会社か、プロフィールシートはどんな人かを表現するシートです。上手に自己紹介ができる会社は熱烈なファンを作ります。

まずは、個人を紹介するツールとして、プロフィールシートがあります。中古車販売をしている遠藤さんという方がいます。普通の方にはない、熱い情熱を持って仕事をしています。仕事だけではなく、遊びも全力投球で楽しんでいます。キャンプ、バイク、釣り、もちろん車のことも大好きで、話していると止まりません。情熱を抑えられないのです。

こうした取り組みを形にするため、クラブ EnDo を主催しています。楽しむ（Enjoy）行

う（Do）でClub En（joy）Doです。このクラブの活動目的は、体験と遊びの交流で、新たな仲間と出会う気づきの場になっています。

「いまだから楽しいコト、あとでは楽しめないコトに、いまどれだけハマれるか」ということをビジョンに掲げ、本気で生きる大人同士の化学反応を楽しんでいるようにも見えます。他人を喜ばせるのではなく、まずは自分が全力で楽しんでいます。このように、自分の喜び、情熱をプロフィールシートに書いただけで、ファンがどんどん増えていきます。

自分の情熱を紙に表現すると、そこに引き寄せられるように、お客様が集まります。集めるのではなく、集まるのは、情熱や喜びに惹かれるからです。

また、会社を紹介する際には、会社案内が必要です。会社案内では、社名、住所、電話、FAX、などの基本事項のほか、会社沿革、ストーリー、ビジョン・ミッション、行動指針を表現する会社もあります。きちんと、会社案内を作成すると、熱量がお客様に伝わります。

紙媒体だけでなく、ホームページで発信する方も多いことと思います。テンプレートで項目を埋めるために書くのではなく、それぞれに意味があり、意味づけを理解して書いている会社は、心意気のある会社として、相手に伝わります。こうした細かいところまで心を込めて作成する会社は、業績も良い会社が多いのです。

発信する意味づけを簡単に紹介します。

プロフィール、名前、経歴、ストーリー、なぜ仕事をしているのか、どうなりたいか、実績などの情報を正直に、お客様の立場になって自分たちを表現するということができる会社は、強い会社です。感情を全開にして、心ある人に響くツールがプロフィールシートと会社案内です。

《法則19》感情全開の会社案内とプロフィールが熱烈なファンを作る

プロフィール

代表　遠藤　護

宮城県　仙台市出身

中学3年生から東京都杉並区に転居。

16歳からバイク、18歳からクルマの両方の楽しさに没頭。28歳で仙台に帰り28歳から48歳までメルセデス・ベンツ正規販売ディーラーのヤナセさんでセールスとして勤務。

多くのお客様を担当させて頂き、トップセールスとして後輩の成長、店のCS向上に関わり勉強させて頂きました。

お客様から「人生とは」について様々な方から様々な角度で教えて頂くことが出来ました。

高級車を定期的に代替えされるお客様の言葉は説得力がありました。

それは1人では気付けなかった事ばかりです。人との出会いの大切さに気付きました。

1000万円や2000万円のベンツの新車じゃなくても「輝きと充実の生活」は誰でも手に入ります。それを提案する為中古車販売店アップロードを起業しました。

趣味はクルマ、バイク、旅、登山、キャンプ、食べる事、音楽を聞く事、家族サービス。

《法則20》人に会いに行くと未来が変わる
断られる恐怖、失敗への不安、時間を乗り越えて会った人には商機が生まれる

経営が思わしくなく、次の方向性が見えないとき、どうすればいいでしょうか？　という相談があります。そうしたときには、人に会いに行きましょう、とご提案をします。

じっと事務所にいて構えていたら手に入らないことが、会うという行動で手に入ります。オンラインでは手に入らない情報が、リアルで会うと手に入ります。

なぜ会うと仕事につながるのか、ということですが、会っていると相手と同化します。相手の立場で物事を考える方がほとんどです。仕事を出してあげよう、良い情報を与えようという意識になります。できる経営者ほど相手への貢献意欲が高い方が多いので、会っているだけで何か得をもたらそうとするということになります。

人に会うと、未来が変わります。

仕事は、会ったことがある方、普段、同じ感覚を持っている方、声をかけやすい方にお話がきます。会っているとその方のリズム、周波数がわかります。ある程度の地位にいる方になれば、どのようなことを考えているかも、会っただけでわかってしまいます。

会ってみて、感覚が合えば、この人にだったらお願いしてみよう、聞いてみようと思ってもらうと、頼まれごとが増えてきます。頼まれごとからビジネスが始まるケースが多々あります。

人に会いましょうと言っても、できない方も多いのが現状です。アポを断られる恐怖、会って何か失敗することへの不安、忙しい中で、新たに時間を作ることにも抵抗があり、それらを乗り越える必要があります。

それでも人に会いに行くと、確実に未来が変わります。

《法則20》人に会いに行くと未来が変わる

《法則21》報連相をすると、仕事が増える

感謝を伝えると、喜びが拡大していく

報告、連絡、相談のことを「ほうれんそう」といいます。コミュニケーションを密にしていきましょうという趣旨であり、会社組織の中では情報共有が大切だという趣旨で伝えられることが多くあります。

しかし、中小企業では社外の方とコミュニケーションをとる際、報告・連絡・相談が弱

い、またはまったくされないこともあります。

中小企業同士のコミュニケーションで大切なことは、ズバリ御礼です。枕詞に「おかげさまで」という言葉を使うと、良い関係性が築けるようになります。

社長は、上に立つ方です。しっかりプライドを持っています。何か行動したことに対し、何らかのプラスの作用や貢献を意識している方が多くいます。自分のしたことが役に立ったり、お金が回っていくことが善としている経営者ほど、こうした意識は高いかもしれません。

丁寧に報告や御礼をすることで、お気持ちに対して、応えることになります。別に、見返りとか、恩返しを期待しているのではなく、ただ、報告や御礼の一言がほしい、こうした経営者は意外に多いように感じています。そうした中、報告がなかったり、御礼がないことでプライドが傷つき、関係性がこじれることがあります。

このため、報告、連絡、相談がまめな方ほど、相手から気に入ってもらい、さらに仕事を紹介されたり、新しい仕事が舞い込んできたりします。理由は、二つあります。仕事を任せてコミュニケーションがまめな人ほど安心感があります。報告をまめにもらえると、進捗がわかります。トラブルも未然に防げます。もう一つは、紹介した方が、役に立っていることを感じることで気持ちよくなれるためです。紹介した結果、役に立った。喜んでもらえた。自分の存在感や影響力が確認できたということも一つです。

では、報告、連絡、相談は、どのくらいすればいいのでしょう。紹介が多い方がどのくらい実行しているか一例をご紹介します。

・ご紹介いただいた◎◎さんと面会のアポが取れました。とても感じのいい方で、○○様が事前につないでくださったおかげです。本当にありがとうございました。
・先日、ご紹介くださった○○様と面会が叶いました。（紹介者）様のことも話題となり、とても前向きで明るく相手思いの方だと仰っていらっしゃいました。良い方の周りには、良い方がつながっているということを感じました。
・先日、ご紹介いただいた□□様から初めてのご注文をいただきました。ここまでスムーズに進んだのも○○様の信用のおかげです。信用を守れるよう誠心誠意尽くします。ありがとうございます。
・先日、ご紹介いただいた○○様からお叱りのお言葉をいただきました。～～の通り、前向きに改善していきたいと思っていますが、もしよろしければ、ご紹介者のお顔をつぶさないためにも、事前にご相談させていただいてもよろしいでしょうか？

・先日ご紹介いただいた△△様とご縁がつながって一年になりました。おかげさまで安定した取引をいただいており、さらに他社を紹介いただくなど、良い関係を築かせていただいております。○○様からご紹介をいただいたおかげで、お仕事が広がっていること、本当にありがたいです。いつも気にかけてくださってありがとうございます。

このように、紹介を大切にしている方は、ことあるごとにメール、電話、会ったとき、お中元、お歳暮など報告や御礼をしています。具体的に、何に対して御礼の気持ちを示しているのかを明確にすることが大切です。また、ところどころ、褒め言葉も入っていることなど、相手の方への敬意や尊敬の念を示していることも大事な要素です。大げさなくらい御礼や褒め言葉をちりばめると、相手の方はまんざらでもないようです。紹介した方も、相手が喜んでくれると、どんどん紹介したくなりますね。

《法則21》報連相をすると、仕事が増える

報告、連絡、相談、ほうれんそう上手は仕事がどんどん増えていきます。

《法則22》自分の「小さな喜び」を見つけると事業が拡大する

中小企業の活力の源泉は、喜びです。喜びは、5つのタイプに類型されます。どれが良いということではなく特性です。また一つではなく、何個かが組み合わさることもあると思います。あなたは、どのようなことに喜びを感じますか。5つのタイプをご紹介します。

(職人系) あなたは物を作ることに対する喜びがありますか?

子供の頃、プラモデルや粘土などを作るのが好きだったということはありませんか? 作っていること自体、ワクワクしたり、集中して時間がたつのを忘れてしまったりすることはありませんでしたか? 世界のホンダの創業者である本田宗一郎さんは、年末も車を整備し続け、今日は何日だと聞いたら元旦だったということがあったそうです。作っていることが好きで好きで仕方なく、日付すら忘れてしまったというエピソードです。

職人系の方は、良いものを作っていることに誇りを感じます。良い物を自己満足で仕上げていくことに喜びを感じます。さらに、自己満足したものが喜んでもらえると、この上ない喜びを感じます。価値のあるものを、わかってくれる人に提供することが実はとても大切です。

（職人系の上手な喜びの表現の仕方）
□自分たちの作りたいものを作る
□自分たちが使いたい材料を使う
□自分たちが納得するまで作り続ける、妥協しない
□商品づくりに誇りと尊厳を思い出す
□お客様のニーズや要求に振り回されない
□命を削って作りこんだ商品を納得いく価格で提供する
□欲しいと言ってくれる人にだけ提供する

（営業系）人と関わっていることが大好きという喜びはありますか？

営業系で喜びを感じる方もいらっしゃいます。素晴らしいことですね。人と人とのご縁をつないだり、困っていることに寄り添って解決策を考えたり、人が好きだからこそ、人に関わっていることが楽しくて仕方がないという喜びの示し方ができます。

布団の訪問販売をしている方がいます。地域の中で、同窓会の幹事をしたり、イベント

をしたり、お祝い事や会合が大好きな方です。

自分がほれ込んだ商品を売ることが、とにかく好きで、自分が良いと思った布団を紹介することが快感になっています。人と会うことが楽しくて、話をするのも大好き。その方とお話をしていると明るく元気になれます。あけっぴろげな性格で、自分の短所や悩みも正直に打ち明けます。そうすると話をされた相手も、「私もそうなんです」と悩みを打ち明けるようになります。別にセールスをしているわけでもないのに、雑談の中で自然に悩み事が出てきます。それに対し、おせっかい全開で、親切な提案をします。

自分の扱っている商品だけでなく、場合によっては他社の商品でも、その方の立場で親身に考え、相手に伝えます。そうした誠意が伝わり、結果としてモノが売れていきます。特に売ろうとしているのではなく、大好きな人と話をしているうちに、悩み事に対して親切心で提案しているだけ、というスタンスです。押し売りは絶対にしたくないそうです。

（営業系の上手な喜びの表現の仕方）

□困っている方に解決策を提供したい

□紹介したり、されたりすることが嬉しい

□名刺交換できることが、ワクワク楽しい
□自己紹介していることも楽しい
□自分の商品が役に立つ人とそうでない人を明確に理解している
□人のご縁が広がっていくことが楽しい

人が好きな方は、徹底的に人とのご縁を深めていくことがポイントです。営業が好きという天職を授かった方には、その喜びが十分にあるはずです。楽しいこと、喜びを追求することで、ご縁が広がり、仕事が拡大します。

(他者系) 他人が喜んでくれることを自分の喜びにできますか?

他人の幸せを純粋に祈れる素敵な方です。人格者であり、自分の幸せが満たされている社長です。他人の幸せが自分の幸せというと、カッコいいですが、なかなかできることではありません。ある程度、商売が軌道に乗って安定していて、これからの方を応援しようという思いの方も多いのが特徴です。

例えばお祝い事で、お花を贈るといった場面があります。そうした際、お祝いの気持ちは当然ありますが、贈らないと関係性が崩れてしまうという恐怖感、周りも送っているからといった義務感などもあるかもしれません。でも、このタイプの方は、純粋に１００％の気持ちでお祝いをします。他人が活躍することが嬉しいのですね。その表現としてお祝いをします。

他者が成功していくプロセスを共有し、悩み、行動し、チャレンジすることに寄り添い、応援することが楽しくて仕方がないという方は、その道を追求すると自然に成功していきます。というより、すでに成功している方が、さらに豊かになる生き方かもしれません。

（他者系の上手な喜びの表現の仕方）

□人の喜びを自分ごとのように喜べる
□関わっている企業が成長していけることが嬉しい
□関わっている人、企業がマスコミに掲載されると周りに自慢できる
□お祝い事があるとお花を贈りたくなる
□他人の幸せを純粋に祈れる

□他人が幸せになってくれることが幸せ

他者を成功に導くこと自体が楽しみで仕方がない方は、その天性を活かし、自己満足の貢献をとことん追求することで、喜びがお金に変わっていきます。時間がかかるかもしれませんが、長い目で成功を信じた自分軸で尽くすことで、結果がついてきます。

（開発系）新しいものの開発や革新を起こしたりすることの喜びはありますか？

開発とは、新しいものを作る、これまでなかったものを作るというイノベーションとか革新と表現されることがあります。こうしたことに快感を覚える方もいます。このようなタイプの方は、とことん開発の楽しさを追求した方が成功します。話を聞いていても、周りの方には理解されない、ということもありますが、それでも良いのです。自分が研究開発をしていること自体が楽しくて仕方がないという方はそこを追求していくことで成功が待っています。

20世紀の経済学者ヨーゼフ・シュンペーター（1883～1950年）は、「起業家精神を『創造的破壊』をもたらす力と考えた。起業家は『新結合』を遂行し、古い産業の衰退を促す。

確立されたビジネス手法が、より優れた新たな手法により破壊される」としました。

つまり、今までのものを一度破壊して、新しいやり方を開発する、ということ自体、アイデアの結合を行い、新しい価値を創造するということなのです。

（開発系の上手な喜びの表現の仕方）

□どうしよう、という難題に自分がチャレンジすることにワクワクする
□開発までのメンバー選定を想像するだけで楽しくなってくる
□他社ではできないだろうな、ということに対し、使命感が湧いてくる
□世の中にないものを生み出すということにドキドキ、ワクワクを感じる
□クリエイトするということを考えただけで、テンションが上がる
□どうやったらできるか、と誰もやったことがないチャレンジできることにワクワクする

ものを作ったり開発することが楽しくて仕方がない方は、その道を追求することで、価値がわかる人が集まってきます。価値がわかる人同士、ご縁が広がることで、作る喜びが、お金に変わっていきます。価格競争のない世界が追求できるのは、作る喜びを追求した結果です。

（親方系）他人から頼られたり、守ってあげたりしている喜びはありますか？

親方系とは、親方と弟子という関係性が心地良いと思えるタイプの方です。社長はもともと面倒見がよくて、人の世話を焼くことも多いので、このタイプの方は意外に多いと思います。他人から頼られると、守ってあげたくなりますね。優しい方で男気がある方が多いです。しかし、何かしてあげたのに、見返りがないということもあります。世話をしてあげた方からの不義理に傷つくこともありますが、見返りは求めないと割り切っていければ、このタイプの方の喜びは全開になります。

親方タイプの方は、人をとことん信じて、深い関係になることで、見返りを求めていないにもかかわらず、結果がついてくるという形になります。親方タイプの方はご自身の良さを認識して、親方である喜びを全開に感じた方が、商売が広がりやすいということが言えます。

（親方系の上手な喜びの表現の仕方）

□自分を頼ってくれた人が成長・成功すると嬉しい

□報告や御礼をしてくれる人が嬉しい

□助けてあげていること自体が喜び
□親・兄弟、親戚と同様に、同じ釜の飯を食えることが嬉しい
□苦難ほど共有して相談してもらえることが嬉しい
□巣立っていくことも寂しいけれど、嬉しい

親方には、親方の頑張れるポイントがあります。そうすると、固い絆でつながっていますので、多少の困難は乗り越えていきます。仲間と一緒に成功するので、喜びも倍増します。大家族のようにみんなで成功していくモデルですね。

このように、自分の喜びポイントは、それぞれ違います。みんな違って良いのです。あなたの喜び、楽しみが実は成功のポイントになります。自分のタイプや喜びポイントを見つけていくと事業が拡大していきます。

《法則22》自分の「小さな喜び」を見つけると事業が拡大する

以上、22の法則をご紹介しました。私がこれまで経営相談を受けてきた中での経験や自分

の経験、もちろん顧問先の実例をまとめてきた小さな会社にとっての生きた情報です。このようなことに気づき、前を向いて実践すると、経営がよくなります。ぜひ、実行していただきたいと思いますが、どのように実行すればよいか、まだピンとこない方もいらっしゃるかもしれませんね。

次の章では、もう少し具体的に、行動を示していきます。

第６章

はじめの一歩を踏み出すために

22の法則をもとに、まずは実行してみようと思える、はじめの一歩となる行動を示します。これなら行動できると思えるものがあれば、どれかひとつでも実践していただけたら、きっと明るい未来に向かえます。

資金繰りや将来の不安など心のモヤモヤを感じつくす

会社経営をしている中で、一番不安を感じやすいことは、資金繰りと言っても過言ではありません。特に、現預金が毎月減っていく恐怖は、味わった人しかわからない極限の恐怖です。

一時的なお金が不足している場合だったら、銀行もすぐにお金を貸してくれます。しかし、ずっと赤字だったり、将来の見通しが立たない場合には、不安と恐怖で頭の中がいっぱいになります。血の気が引いて手足まで冷たくなるあの感覚をできれば味わいたくありません。

資金繰りに対する、はじめの第一歩を示します。まずは、不安なことを書きだしてみます。

・今、現預金が少なくて不安だな〜

・来月はお金が入って来るのかな～
・給料を払わなかったら、従業員や家族からチクチク言われるのもイヤだな～
・外注先に支払いを待ってもらったら、信用不安が起こるかもしれない
・お客様にお願いして早く払ってもらうなどみじめなことはできないな～
・なかなか払ってくれないあの会社、いつ払ってくれるんだろうか
・銀行に申し込めばいいけれど、担当者から細かいこと聞かれるのがイヤだな～
・先がわからないからどうしていいかわからないよ
・誰かどうにかしてくれ～

など、思ったことを自由に紙に書き出してみましょう。心のモヤモヤをまずクリアにすることが必要です。

それが済んだら、次に現実を見ます。資金繰り表（私はこれを「ミラクルシート」と呼んでいます）に入金と出金の予定を書き込みます。

人は見えないものには恐怖を感じます。見えてしまうと安心します。私の直接の顧問先には、このシートを作成することを必須にしています。なぜなら、お金の流れが一目でわかるのと、入金と出金の中身が見えるので、安心できるからです。私も、このシートに何

度も救われました。

現預金の目標を示すこともできると、常にお金がある状態を維持できるようになります。大きな安心感が得られます。

そして、毎月、収入－支出をするとき、収入の15％を残すようにしておくと、お金が増えていきます。まさにミラクルが起きます。

なぜそうしたことが起こるかというと、見えることで、収入を多くしよう、早く回収しようと思えるようになるからです。そして、無駄な出費を防ぎ、毎月お金を残そうと努力するようになるから、お金が残るのです。毎月15％とは言いませんが、波があっても残すように努力をすることが大切です。そうすると、自然にお金が残るようになります。力づくで貯金をするイメージです。

もっと、強制的に貯金をしたい場合には、金融機関の毎月の定期積立などを利用すると、強制貯金ができます。そこまですることではじめて、お金が残る企業になれるのです。

また、普通の商品を、普通に売っていたらお金が残らない、ということに気づけます。だからもっと稼ごう、単価を上げられるように工夫しよう、もっと多くの方に喜んでもらおうと努力するようになります。収入と支出の現実が見えるからお金を使うことにもシビアになって、必要なものに役立つお金の使い方に変わっていきます。

接待交際費を感謝費に変えてみよう

お金の流れを良くするには、出費に関する心を変えていきましょうという話があります。出費のときの意義や感情が、そのまま返ってくるというお話です。

例えば、罪悪感を持って出費したものは、罪悪感のある出来事を呼び込むか、または無駄な出費に終わってしまいます。一方、お祝いや感謝のプラスエネルギーで出費したお金は、良い出来事とともに自分たちに返ってくるという引き寄せの法則です。良い出費をすれば、巡り巡って自分に返ってきますよというお話です。罪悪感を持たずに、良いお金の使い方をしましょう。

罪悪感を持ってしまいがちな代表的な出費として、接待交際費があります。接待というと、飲みに行く、というイメージをもつ方もいるかもしれません。しかし、接待の本来的な意味は、相手におもてなしをするという良い意味があります。相手を大切にする日本的な良い文化です。

接待交際費の使い方として、御中元、御歳暮、おもてなしをするための飲食などが多いかもしれませんが、主に感謝を伝えるために使われることが多いように感じています。このため、当社では、接待交際費と言わず、感謝費という名前にしています。相手の方に感謝をするための費用です。これだけで、とても良い意味合いの出費になります。

このように、「役に立つ意味」をつけて出費をすると、実際にお金が役に立っていきます。きれいなお支払いになりますので、払っている方も気持ちよくお支払いができます。そして、お金の良い循環が始まります。

代表的な経費として、接待交際費を取り上げましたが、これ以外の経費についても、役に立っている、という意味をつけて出費をすることで、生き金としてお金を使うことができます。

そもそもお金を払うという行為は、祓《はら》うという意味合いもあるそうです。きれいにお金を使える人ほど、幸せになれるというのは、こうした意味合いからも来ているのかもしれません。

社員一丸となって顧客ニーズを収集する

自分軸全開でやりたいことを発信することが大切ですが、お客様の求めていることを知ることも重要です。合わせすぎるのはよくありませんが、ある程度、「お客様が欲しいもの」、「困っていること」、いわゆるニーズを意識しておく必要があります。

フィリップ・コトラー教授によると、ニーズには、5つのタイプがあります。

明言されたニーズ……（例）顧客は安い車を望んでいる
真のニーズ……（例）顧客は購入費ではなく維持費の安いものを望んでいる
明言されないニーズ……（例）顧客はディーラーからの良いサービスを期待している
喜びのニーズ……（例）顧客はディーラーがカーナビをつけてくれることを望んでいる
隠れたニーズ……（例）顧客は友人に良い買い物をしたと思われたい
出所：『コトラー&ケラーのマーケティング・マネジメント第12版』Philip Kotler（著）

これらのニーズを聞いて、やりたいこと、役に立てること、チャレンジできる喜びが感じられる取り組みをすることで、成功の確率が高まります。

やりたいこととニーズが合致すれば相思相愛の状態になります。

では、ニーズを知るためにどのように情報収集すればよいのでしょうか。アンケートをとったり、報告書を調べることが一般的ですが、直接お客様の生の声を聞いてみることが、一番です。

従業員一丸となって、みんなでお客様に聞いてみましょう。

質問例として、

「今、～に関して、お困りのことはありますか？」

「私どもの業務に関して、あったら良いなという商品・サービスはありますか？」

「今、お使いの商品・サービスへの不満は何かありますか？」

「私どもでお手伝いできるようなことは何かありますか？」


このような質問は、流れるように雑談の中で聞いていただくのが理想です。実例などを交えながら、お話ができるとリアリティが増してきます。悩み度や真剣度も図れますので、このような質問をしていると、お客様が考えていることがわかってきます。

そこに、自分軸全開で貢献意識を持って何かお役に立てたとき、自分も相手もハッピーな関係が築けます。お客様の悩みが解決します。これをソリューション（問題解決）と呼びます。

ソリューション、良い響きの言葉でカッコいいですね。

本音の経営ビジョンを宣言する

経営ビジョンとは、どうなりたいかという理想像を形にしたものです。その会社が目指すべき姿です。大企業ならば高尚でキレイなものを掲げた方が良いかもしれません。

しかし、小さな会社においては、社長個人の願望を100％本音で語った方が良いです。なぜなら、小さな会社は社長の意思で進むからです。わかりやすく本音であればあるほど、魂が入ります。

ビジョンは、まず自分軸全開で作ります。次に、世の中から求められていることや、自社ならではの独自性も意識していくと、より強固なビジョンが作れます。

まず、自分軸では、新しい事業アイデアでワクワクすること、喜びを感じることを実行していくと明るい未来が描けます。過去の経験が活かせると納得度が高まります。また、困っている人の存在、過去に助けたかった人を何とかしてあげたいという貢献意識が、できること、やりたいことに繋がっていきます。

次に、求められていることを考える視点は、顧客ニーズです。社会の課題解決、時流、トレンド、既存業界の不満、消費者の動向を読み解くことで、求められていることが明確になります。

さらに、独自性の視点では、他社ができないことが自分たちの存在意義を高めます。業界の問題点を解決、差別化による競争優位性、地域内での自社の役割、ニッチ分野への展開などの視点から

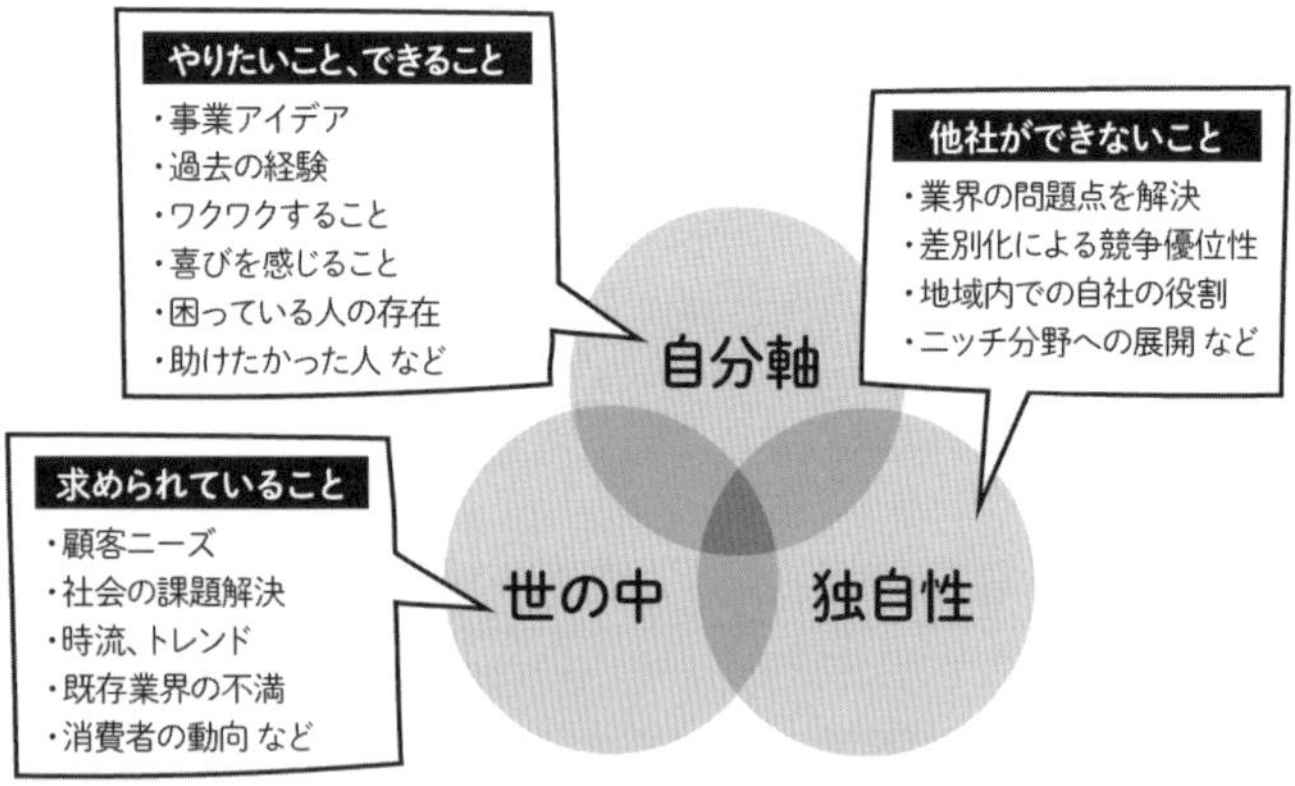

どうありたいかを考えることで、強いビジョンに仕上がります。

ビジョンを掲げ、ホームページや会社案内で外に発信していきましょう。セルフイメージが変わってきます。

感情と感性の経営判断をする即断即決「はい」の返事

返事は、「はい」と早くすると気持ちが良いですね。キリっとした返事が、相手も自分も気持ちがよくなります。

素直な返事は、良い運気を呼び込みます。「はい」といったからには、「どうにかしよう」、「どうやったらできるか」という考えに変わっていきます。できないことを羅列するのではなく、できることを考える前向きな感性になっていきます。

しかし、どうしても気が乗らないときがあります。そうしたときは「ハイ」と言ったあとに、違和感が残ります。心が乗らない、イメージできない、役に立つイメージがわかないなど、違和感を覚えます。イヤな気持ちになることもあります。感情は正直です。心がクリアになっていると、プラス感情もマイナス感情も素直に感じられるようになります。

人間の感情や胸騒ぎは、正確です。お知らせをくれます。感情と感性で経営判断をすることが、実は、正確な意思決定になります。

また、迷うということも、今はタイミングではないというお知らせです。目先のメリット、デメリットではなく、やりたいかやりたくないか、心が動くか動かないか、という心の判断ができると、即断即決ができるようになります。

まずは、「ハイ」と気持ちの良い返事をすることは、大切です。しかし、「ハイ」と言ってから、断っても構わないと思います。「ハイ、ありがとうございます。しかしながら、今は（○○○の理由で）申し訳ありませんが、お受けできません」という返事もあっていいと思います。心が動かないものは断ってもよいということです。

「ハイ」の返事は相手を受け止める承認の意味で大切な行動です。しかし、そのままでは相手軸のままです。YES、NOは自分のハートで決断します。「ハイ」の言葉を上げた後の感情がプラスかマイナスかで、即断即決ができるようになります。そのためにも、心をクリアにして前に進めるようにしましょう。

経営資源を棚卸して「今あるもの」に感謝と役割を伝える

コップの水に、半分水が入っているという有名な話があります。ある方は、まだお水が半分も入っていて良かったと言います。また、別の方は、もう半分しかない、と悲しみます。感じ方が違うということです。

これと同じように、あなたの会社には、経営資源（人、物、金、情報、ノウハウ）が必ずあるのですが、「うちには、ある。ありがたい」と思えるか、「うちには、ない」と悲観するか、感じ方はどちらかに分かれます。

引き寄せの法則によると「ある」という意識は、増殖するそうです。お金持ちの「お金を持っている」という意識が増殖して、ますますお金持ちになるというお話です。

一方、ない、という欠乏意識はないものを引き寄せてしまいます。そこに気づいたら、あるということを、意識的に思えばよいということになります。どんな会社にも経営資源はあります。

家族・親戚、従業員、取引先、仕入先、協力会社、銀行、加盟団体の人脈、友人・知人など事業に関わっている人がいます。機械、車、土地・建物、エアコンなどの設備などモノがあります。現金・預金、売掛金、借入金ができているなどお金もあります。顧客情報、会社の信用、技術、マニュアル、売り方、作り方など、情報・ノウハウもあります。

このように、どの会社にもあるものです。「ある」と思えたとき、温かい感謝の気持ちが湧いてきます。感謝しなさいといって、無理やり感謝するのではなく、あるものに感謝する、心のこもった感謝がますます幸せを呼び込みます。

あることが難しい、と書いてありがたいという意味があります。「ある」ものをもっと役に立つ、輝いてもらうために何ができるかを考えていくと、今の経営資源が最大に生かせるようになります。

一度、あなたの会社の経営資源を書き出してみて、ある、ありがたいということを実感してみませんか。「ある」ことが増殖する「幸せの引き寄せ」がはじまります。

終章

社長が豊かになることは社会への貢献です！

創業者であり、社長だった父は、家族の誇りでした

私の父は、典型的な中小企業のワンマン社長でした。社員さんは数名の小さな会社でしたが、家族ぐるみのお付き合いをさせていただいていました。家族経営の良いところです。家族のため、従業員のため、身体を張って仕事を取ってくるという熱血営業マンでもありました。

父一人で上場企業相手に交渉し、高額な受注も確保していました。すごいことです。一方、その分、無理も相当していたようです。飲み屋の代金を払わされていたり、いわゆる業者扱いで、いつでもどこでも呼び出しを受け、雑に扱われたこともあったようです。

そんな創業者の父も不安で、不安で、仕方なかったこともあると思います。仕事をいつ切られるかわかりません。大きな企業は担当者が変わると、方針や取引先が一気に変わることがよくあるからです。父に頼まれマッサージしたときには、いつも鉄板のように背中がパンパンに張っていました。緊張で、背中は万年固まっていたのだと思います。

ムリな営業スマイル、お客様は神様、お客様のため、という昭和スタイルの営業で、自分を犠牲にして、家族のため、従業員のために頑張ってくれました。

さらに、そんなストレスからたばこは手放せず一日3箱のヘビースモーカー、さらにお酒も飲み、中年太りで運動不足、そんな生活がたたり、46歳の若さで心筋梗塞になり、突然、お別れすることになりました。

典型的な、中小企業の親父、小さな会社の社長でした。もっと楽に生きられなかったのかと思います。息子である私は、がむしゃらに頑張るやり方では続けなられないと悟り、ビジネスの方針を変えました。頑張らなくてもよい経営、無理しない、自分らしい経営、そして自己犠牲を手放し、自分軸の個性全開で進むべき道。これが私の経営戦略です。父の年齢に近づき、父の無念を感じます。救えなかった父を救いたい。そんな思いでこの本を書いていました。

私の父を誇りに思います。家族のため、従業員のため、必死に働いてくれました。多分、自分の時間はなかったのだと思います。家族だけが癒しだったのかもしれません。一人で背負っていたのだと思います。この気持ちは亡くなってから25年たって、私が感じることになりました。亡くなったときには、もう話をすることはできません。当然、文句も言えませんし、喧嘩もできません。ありがとうという気持ちも言えません。この本を書いたよ、という報告をお墓でしました。創業者の父のやってきたこと、ありがたいことです。家族のため、従業員のため、そこまで頑張っていただいてありがとうございました。そう伝えたいです。私に会社、信用、お客様、借金まで残してくれました。父は、不器用な人でした。私に厳しかったけれど、人一倍、ぶっきらぼうな愛を注いでくれたようです。日本の中小企業の親父である私の父は、私の誇りです。父と同じような社長、頑張った人が報われてほしいと思っています。

日本全体から見た中小企業の社長という存在

日本全体の企業数のうち、99％は中小企業です。さらにそのうち、84・9％は小規模事業者といって小さな会社が日本のほとんどを占めています。しかし、付加価値ベースでみると、小規模事業者が日本全体に寄与しているのは、わずか14・0％です。大企業や中堅企業がこの国の経済を動かし、小さな会社の数は多いけれど、稼げていない。そんな現状があります。（出所：2022中小企業白書　産業別規模別企業数　非1次産業計、産業別規模別付加価値額　非1次産業計）

しかし、中小企業の社長は、自分の意思で経営ができます。個性全開で活動することが可能なのです。それにもかかわらず、地域での評判を気にしたり、稼ぐことへの罪悪感を持ったりして、本領を発揮できていない方も多くいらっしゃいます。そうした感情を手放し、思いっきり稼ぎ出したとき、中小企業は黒字企業が増えます。社長の給料も増えていきます。そして、従業員の給料も増え、日本が良くなります。

外国への輸出、輸入に頼ることなく、自分の国のことは自分の国の内需で賄うことが、安定につながります。食べ物もエネルギーも、地域の社会問題も、地域の中小企業が担い、顔の見える方に顔の見える方が、愛、喜び、感謝で充満できたら、幸せなことでしょう。

社長は、地域の中で輝くべき存在です。地方の中小企業こそ、地域発で輝き、カッコいい存在になるべきです。そんな思いでこの本を書きました。

社長が豊かになることが、子供たちに未来を残す

社長は自分の個性を全開に、自分らしく生きられる方です。子供たちのあこがれになる存在です。まず、自分自身が豊かになることが大事です。人を潤わす前に、自分が潤っておく必要があります。お金だけでなく、心もクリアで思いやり深く、慈愛の精神になったと

き、幸せを感じます。そうすると周りに波及していきます。今、感じていることが、そのまま波及するので、幸せな社長の会社の従業員は幸せの恩恵を受けられます。それがコップの水があふれるように、取引先、仕入先などの関係者に広がっていきます。結果として、地域全体に広がったとき、はじめて地域への波及効果が出てきます。

こうした波及効果の基となるのは、社長本人の豊かな心です。明るくて、爽やかで、やさしくて、ゆとりがあって、笑顔溢れていて、チャレンジをしていて、そして人が集う社長に憧れる人も増えていくことと思います。子供たちの将来の夢は「社長になること」と書く子供たちが増えればいいですね。

実は、私自身が中学校一年生のときに書いた将来の夢は「社長になること」でした。父が喜んでくれたことを、今でも覚えています。

「おたく以外にも、業者ならいくらでもいるんだよ」と言われたら、「こんな言われ方、悲しいです。私にも選ぶ権利がありますので」、「こちらこそお世話になりました、今までありがとうございました。」と言い返せるように、お客様から選ばれ続け、魅力的であり続けたいですね。

日本の小さな会社の社長が、誇りと尊厳を持ち、日本を変えていきます。

おわりに

私の顧問先や支援先の中には、わずか一回のアドバイスで大きく売上を伸ばす方がいます。それほど、経営者の感情は業績と密接にかかわっているのです。これまで16年間、1600社以上の経営相談を通じ、実感してきました。その経験から、社長が自分自身の感情と向き合うための22の法則をまとめたのが、この本です。

今、私の顧問先は、成長し続けています。当然いつも順調ということはなく、必ずと言っていいほど試練もあります。そんなときには、この本に書いてあるように、感情をクリアにし行動をすることで乗り切ってこられました。私の役割は、寄り添いながら信じて、感情をクリアにし、そしてその方に合った方向性を経営戦略として示すことだと信じています。

この本に書かれている内容は、私の実体験と日頃のコンサルティングによるリアルな事例に基づいています。実例を紹介することで読者により深い気づきを得てほしいと考えていましたが、顧問先の大事な情報を預かる立場では、踏み込んだ事例掲載については悩みました。そこで企画・編集チームのメンバーとも話し合い、紹介する企業にご迷惑が掛からぬよう、いくつかの実話を組み合わせたストーリー表現にしました。このような形式にしたことで、忖度なく、経営者のリアルな感情をお伝えすることができました。

人間には感情があります。感情を分かち合う仲間の存在が、運気を左右するといっても過言ではありません。

私自身もご縁に助けていただいて、現在に至っております。私とお付き合いいただいている顧問先の企業の方々、独立行政法人中小企業基盤整備機構、中小企業大学校仙台校、広島校、三条校、公益財団法人仙台市産業振興事業団、商工会、商工会議所、中央会などの公的団体の皆様、石巻商工信用組合、仙北信用組合をはじめとした金融機関の皆様、これまでセミナーや研修、塾を受講いただいた皆様、倫理法人会の仲間、ニーズマッチの仲間、同業で支え合い助け合う仲間の中小企業診断士の皆様、お名前を一人ひとり、すべて掲載したい気持ちでありますが、それだけでかなりの紙幅となりますため叶いません。皆様とのご縁がなかったら、この本を執筆することはできませんでした。ご縁の中で活動ができていること、ありがたいことです。本当にいつもありがとうございます。そして、これからもどうかよろしくお願いいたします。

また、自分軸に向き合えたのは、私の繊細な感情をサポートいただいた、みちよさんの存在が大きかったです。また、親愛先生には、毎月のセッションでお力をいただきました。

札幌の小川先生には、命を助けていただきました。心身とも、支えてくださる方がいて本当にありがたいです。

また、家族、兄弟に支えられ、今、私は生きています。なんといっていいかわからないありがたさを感じ、日頃伝えることができていないけれど、心からありがとうを伝えます。

最後になりますが、今回、出版を強力にサポートいただいた株式会社Jディスカヴァーの皆様、株式会社みらいパブリッシング近藤美陽様、そして、私の文章を温かく添削し、支えてくださった編集の田中むつみ様、心から感謝申し上げます。

参考文献

▽「引き寄せの法則 エイブラハムとの対話」(エスター・ヒックス、ジェリー・ヒックス(著)、吉田利子(翻訳)/SBクリエイティブ)
▽「クリエイティング・マネー―光の存在オリンとダベンが語る豊かさへの道」(サネヤ・ロウマン、デュエン・パッカー(著)、高木悠鼓(翻訳)/マホロバアート)
▽「マンガでわかるお金と引き寄せの法則」(みちよ/SBクリエイティブ)
▽「真実の引き寄せの法則」(錦織新/すばる舎)
▽「神様が教えてくれた豊かさの波に乗るお金の法則」(日下由紀恵/河出書房新社)
▽「マンガでわかる「お金引き寄せ」の法則」(奥平亜美衣/永岡書店)
▽「ホームレスから大富豪になった人がお金を無限に増やした方法」(アンドレス・ピラ、ドクター・ジョー・ヴィターレ(著)、桜田直美(訳)/かんき出版)
▽松下幸之助.com
▽「パーキンソンの法則」(C.N.パーキンソン(著)森永晴彦(著)/至誠堂)
▽「完全なる経営」(A.H.マズロー(著)大川修二(翻訳)日経BPマーケティング/日本経済新聞出版)
▽「斎藤一人 お金と強運を引き寄せる最強の口ぐせ」(宮本真由美/PHP研究所)
▽デール・カーネギー「人を動かす」(デール カーネギー(著)山口博(翻訳)/創元社)
▽「LOVE2.0 あたらしい愛の科学」(バーバラ・L・フレドリクソン(著)松田和也(翻訳)/青土社)
▽「ポジティブ心理学の挑戦“幸福”から“持続的幸福”へ」(マーティン・セリグマン(著)宇野カオリ(著)/ディスカヴァー・トゥエンティワン)
▽「コトラー&ケラーのマーケティング・マネジメント第12版」(Philip Kotler(著)Kevin Lane Keller(著)恩藏直人(監修)月谷真紀(翻訳)/丸善出版)
▽「ゼミナール経営学入門 第3版」(伊丹敬之(著)加護野忠男(著)/日経BPマーケティング(日本経済新聞出版)
▽「資本主義、社会主義、民主主義」(ヨーゼフ・シュンペーター(著)、大野一(翻訳)/日経BP)

プロフィール

渡辺進也（わたなべ・しんや）

中小企業診断士　有限会社まる進 代表取締役

父親の急逝により、家業の印刷会社を19歳で事業承継する。

年々売上減、赤字累積のなか、暗黒時代を経験する。

2006年、中小企業診断士の資格取得を機に、コンサルタント事業を立ち上げる。

これまで16年間、1600社以上に、売上改善・資金繰りを中心とした経営課題を自らの実体験のもとコンサル指導し、わかりやすさや実効性が高いと評価を受ける。昭和時代の経営思想に囚われず、自分軸の「共感の時代」に対応する経営戦略で成果を上げている。

10代での事業承継以来、小規模企業経営を26年続け、赤字経営、社会の底辺を味わった経験から中小企業が自分軸で主役になり、誇りと尊厳を守り、存在意義を発揮できる社会にすることをビジョンに掲げている。

現在、中小企業大学校仙台校、広島校、三条校の外部講師、金融機関や公的支援機関での指導実績も多い。

経営計画策定を通じて成長戦略を支援するコンサルタントであり、顧問先には地域のリーダー企業が多い。

おたく以外《いがい》にも業者《ぎょうしゃ》ならいくらでもいるんだよ。…と言《い》われたら
社長《しゃちょう》が無理《むり》と我慢《がまん》をやめて成功《せいこう》を引《ひ》き寄《よ》せる法則《ほうそく》 22

2023年3月21日　初版第1刷

著　者　渡辺進也《わたなべしんや》

発行人　松崎義行

発　行　みらいパブリッシング
〒166-0003 東京都杉並区高円寺南4-26-12 福丸ビル6階
TEL 03-5913-8611　FAX 03-5913-8011
https://miraipub.jp　MAIL:info@miraipub.jp

企画協力　Jディスカヴァー

編　集　田中むつみ

ブックデザイン　洪十六

発　売　星雲社（共同出版社・流通責任出版社）
〒112-0005 東京都文京区水道1-3-30
TEL 03-3868-3275　FAX 03-3868-6588

印刷・製本　株式会社上野印刷所

ISBN978-4-434-31710-1 C0034